Willem van der Does

Licht am Ende des Tunnels!

Von Willem van der Does ist im Oesch Verlag erschienen:
So bin ich nun mal! Egoisten, Exzentriker und andere Nervensägen erfolgreich ausbremsen. Illustriert von Peter van Straaten. ISBN 978-3-0350-0046-7

Weitere hilfreiche Ratgeber im Oesch-Programm:

Helga Baureis, Kinesiologin: **Kinder lernen leichter mit Kinesiologie.** Lern- und Konzentrationshilfen – Ratgeber für die Familie. 4. Auflage. 978-3-0350-0038-2

Emile Coué, Begründer der Autosuggestion: **Autosuggestion.** Wie man die Herrschaft über sich selbst gewinnt. Die Kraft der Selbstbeeinflussung durch positives Denken. 5. Auflage. ISBN 978-3-0350-1507-2

Lillian Glass, Psychologin/Trainerin: **Mit mir nie wieder!** 10 Methoden mit Menschen umzugehen, die Ihnen das Leben schwer machen. 16. Auflage!
ISBN 978-3-0350-0014-6
dies.: **Ich weiss, was Sie denken!** Vier glasklare Methoden, Menschen zu durchschauen. 5. Auflage. ISBN 978-3-0350-0007-8

Mary Hartley, Psychologin: **Wer ist mein Freund – Wer ist mein Feind?** Körpersprache richtig deuten und gekonnt anwenden. 2. Auflage. ISBN 978-3-0350-0049-8

Bernd Pelzer, Psychotherapeut: **Angstfrei glücklich leben.** Der Lebens(hilfe)-Ratgeber für Angstbetroffene. Neu! ISBN 978-3-0350-0055-9

Rudi Rhode / Mona S. Meis, Trainer für Konfliktbewältigung: **Wer schreit, hat schon verloren!** Körpersprache selbstbewusst beherrschen. 5. Auflage in zwei Jahren!
ISBN 978-3-0350-0045-0

Rose Rosetree, Physiognomie-Expertin: **In Gesichtern lesen.** Mimik und Gesichtsmerkmale richtig deuten. 2. Auflage 2008. ISBN 978-3-0350-0047-4

Shirley Trickett, Krankenschwester. **Endlich wieder angstfrei leben.** Selbsthilferatgeber gegen Angst, Depressionen und Panikattacken. 11. Auflage. ISBN 978-3-0350-0020-7

Willem van der Does

Licht am Ende des Tunnels!

Gib der Depression keine Chance – wie wir aus der Melancholiefalle herausfinden

Mit Illustrationen von Peter van Straaten

Aus dem Niederländischen übertragen von
Waltraud Heitzer-Gores

Oesch Verlag

Die niederländische Originalausgabe erschien 2004
im Scriptum Verlag, NL-Schiedam unter dem Titel
Zo bin ik nu eenmaal. Lastpakken, angsthazen en buitenbeentjes
5. Auflage Juli 2006

Druck und Bindung: CPI – Ebner & Spiegel, Ulm
Printed in Germany

ISBN 978-3-0350-0053-5

Gern senden wir Ihnen unser Verlagsverzeichnis:
Oesch Verlag, Jungholzstraße 28, 8050 Zürich
E-Mail: info@oeschverlag.ch
Telefax 0041/44 305 70 66 (CH: 044 305 70 66)

Unser Buchprogramm finden Sie im Internet unter:
www.oeschverlag.ch
www.joppverlag.de

Inhalt

Vorwort

Prozac im Trinkwasser

In den kommenden Jahren werden jeweils etwa zweieinhalb Millionen Menschen in Deutschland an einer Depression erkranken. Zweieinhalb Millionen! Ist das nicht eine allzu kühne Behauptung oder mache ich mir vielleicht Sorgen, dass die ökonomische Rezession zu Massenentlassungen, Armut und Krieg führen wird? Aber nein, das weiß ich alles gar nicht, die genannte Zahl von zweieinhalb Millionen ist davon ganz unabhängig. Sie ist aus den Bevölkerungsstudien bekannt, die in regelmäßigem Abstand durchgeführt werden. Jährlich erkranken ungefähr vier Prozent der erwachsenen Bevölkerung an einer Depression oder einer mit der Depression verwandten Störung. Ungefähr 17 Prozent erkranken im Laufe ihres Lebens mindestens einmal an einer Depression. Das bedeutet, dass noch wesentlich mehr Menschen im Laufe ihres Lebens indirekt von einer Depression betroffen sind (siehe Illustration 1 »Frank ist nicht glücklich.«). Prozac, eines der bekanntesten Antidepressiva, wird derzeit so häufig eingenommen, dass in England angeblich Spuren davon im Trinkwasser nachgewiesen werden konnten.

Wie können die Dinge nur derart außer Kontrolle geraten, was machen wir alle falsch? War das immer schon so oder ist Depression eine postmoderne Wohlstandskrankheit? Wenn es stimmt, dass eine von sechs Personen im Laufe ihres Lebens einmal an einer Depression erkrankt, warum kenne ich dann so wenige depressive Menschen? Der Durchhänger, den Sie letztes Jahr hatten, als aus Ihrer Promotion nichts wurde, zählte der auch schon als Depression? Was genau ist eine Depression?

In Zeitungen und Zeitschriften und im Fernsehen wird vieles über

Depressionen behauptet: Zu viele Menschen bekommen Antidepressiva, zu wenige Menschen bekommen Antidepressiva, Meditieren hilft gegen Depressionen, Depression ist eine Krankheit, Depression ist ein Symptom der entgleisenden Wohlstandsgesellschaft. Für den interessierten Laien ist es schwierig, den Wahrheitsgehalt dieser Behauptungen richtig einzuschätzen. Die verfügbare Literatur richtet sich meistens an ein Fachpublikum und ist dementsprechend spezialisiert und wissenschaftlich aufbereitet. In der Selbsthilfeliteratur geht es dagegen hauptsächlich um Anweisungen, die aufzeigen sollen, wie Betroffene selbst aus ihrer Depression herauskommen können. Diese Ratgeber beleuchten meistens nur den psychotherapeutischen Aspekt der Depression.

Das vorliegende Buch versucht, in verständlicher Sprache den aktuellen Wissensstand über das Auftreten, die Ursachen und die Behandlung von Depressionen darzulegen. Weiter wird in diesem Buch ausführlich behandelt, wie sich Denkprozesse während einer Depression subtil verändern und wie sie, weniger subtil, entgleisen können. Die kognitive Verhaltenstherapie und die antidepressive Medikation sind derzeit die Standardbehandlungen bei Depressionen. Darauf basiert die Themenauswahl in diesem Buch. Allerdings werden nicht alle Fragen über die Depression behandelt – es werden noch nicht einmal alle Fragen gestellt –, dafür ist das Thema zu komplex und die Menge der verfügbaren Information zu groß. Ich habe Themen ausgewählt, die meiner Meinung nach wichtig sind, die im Brennpunkt des Interesses stehen und die dazu beitragen, Depression besser zu verstehen.

Die Zielgruppe dieses Buches sind in erster Linie Menschen, die depressiv sind oder es waren, sowie ihre Partner, Angehörigen und Bekannten. Dennoch handelt es sich nicht um Selbsthilfeliteratur im Sinne einer Schritt-für-Schritt-Anleitung, um aus der Depression herauszukommen. Trotzdem, auch in diesem Buch stehen einige Ratschläge, die nützlich sein können, und das gesamte letzte Kapitel ist eine Ansammlung von Tipps und Anregungen, die aufzeigen, was Sie selbst dazu tun können,

1 »FRANK IST NICHT GLÜCKLICH.«

Ihre Stimmung positiv zu beeinflussen und das Risiko, an einer Depression zu erkranken, zu senken. Ich hoffe, dass die Informationen in diesem Buch vielen Menschen dabei helfen werden, ihre Situation realistisch einzuschätzen und ihre Schuldgefühle zu mindern, und ich hoffe, dass sie den Partnern und Angehörigen von Erkrankten dazu dienen, besser zu verstehen, was Depression ist und was die Behandlung beinhaltet.

Dieses Buch eignet sich außerdem für Studenten der Psychologie und Medizin sowie angehende Fachkräfte in Pflegeberufen und ähnlichen Fachgebieten als Ergänzung zu den Lehrbüchern. Die Zahl der Themen ist begrenzter als in einem herkömmlichen Lehrbuch, bei einigen Themen geht dieses Buch auch weniger in die Tiefe. Andere Themen werden wiederum gründlicher behandelt und manches Mal kommen auch Themen zur Sprache, die Sie in den Lehrbüchern kaum antreffen werden. Außerdem hoffe ich, dass die Leserinnen und Leser einen besseren Einblick in die faszinierende Welt der klinisch-wissenschaftlichen Forschung erhalten.

Beim Schreiben dieses Buches habe ich eine Vielzahl von Literatur herangezogen. Um den Lesefluss nicht zu stören, wurde die Literaturliste am Ende des Buches eingefügt, gemeinsam mit einigen Anmerkungen. Auch habe ich bei diesem Buch wieder dankbar Gebrauch gemacht von Peter van Straatens brillanten Einsichten. Seine Zeichnungen verbessern sowohl den Inhalt als auch die Lesbarkeit dieses Buches. Sie sind im ganzen Text verteilt.

1. Messbar und doch unermesslich

Zählen und messen

Eine Depression ist relativ einfach zu definieren und zu erfassen. Die Diagnose Depression wird gestellt, wenn ein Mensch innerhalb eines bestimmten Zeitraums eine gewisse Anzahl von Symptomen zeigt. Mit einer überschaubaren Zahl von Fragen kann ein Arzt oder ein Psychologe überprüfen, wie es in dieser Hinsicht mit Ihnen steht. Welche Fragen das sind, können Sie in Ratgeberbüchern und auf einschlägigen Internetseiten finden. Dennoch ist es besser, wenn Ihr Hausarzt, ein klinischer Psychologe oder ein Psychiater die Beurteilung vornimmt, denn die Einschätzung, ob ein bestimmtes Symptom vorhanden ist oder nicht, setzt Fachwissen und Erfahrung voraus. Außerdem muss beurteilt werden, ob die Symptome nicht die Folge von etwas anderem als einer Depression sind. Müdigkeit und Lustlosigkeit können durch zahlreiche körperliche Störungen, beispielsweise durch die Unterfunktion der Schilddrüse, hervorgerufen werden. Um sicher sein zu können, ob Sie wirklich an einer Depression leiden, müssen Sie also auf jeden Fall einen Arzt aufsuchen.

Sie können sich aber trotzdem einen einigermaßen guten Eindruck verschaffen. Die Symptome, die bei einer Depression vorkommen können, lesen Sie in der Tabelle 1 auf S. 14 nach. Die ersten neun dieser Symptome sind Symptome, die zur offiziellen Definition gehören. Demnach leiden Sie an einer Depression, wenn bei Ihnen vierzehn Tage lang mindestens fünf der neun Symptome aufgetreten sind, vorausgesetzt, dass eines der beiden erstgenannten Symptome dazu gehört und dass die Symptome hinreichend ausgeprägt sind.

Der Schweregrad der Symptome kann mit einer Zahl ausgedrückt werden, zum Beispiel variierend von 0 (nicht vorhanden) bis 3 (stark). Wenn Sie die Liste der Symptome in der Tabelle durchgehen, den Schweregrad jedes Symptoms bestimmen und dann die Summe der Einzelpositionen berechnen, haben Sie Ihrer Depression eine Zahl zugeordnet. Dann müssen Sie natürlich noch wissen, was das Ergebnis, eine Null, eine Eins, eine Zwei oder eine Drei, bedeutet. Wenn Sie hin und wieder einen Tag erleben, an dem Sie trübsinnig gestimmt sind, ist das dann nichts weiter als normal oder kommen Sie mit Ihrem Ergebnis damit schon über null? Pauschal lässt sich sagen, dass ein Symptom dann als vorhanden gilt, wenn Sie beträchtlich darunter leiden, also beispielsweise mehr als die Hälfte der Zeit während einer festgelegten Phase.

Niedergeschlagene Stimmung
Interesse- und Freudlosigkeit
Konzentrationsprobleme
Ein- oder Durchschlafprobleme oder zu viel schlafen
Gewichtszunahme oder Gewichtsverlust
Schuldgefühle
Trägheit oder Agitiertheit (Erregung)
Müdigkeit, Energieverlust
Gedanken an den Tod und an Suizid
Unentschlossenheit
Angst
Grübeln
Panikgefühle
Hoffnungslosigkeit
Minderwertigkeitsgefühle
Irritation, feindselige Gefühle
Verlust von Interesse an Sex
Schmerzbeschwerden, körperliche Probleme

Tabelle 1: *Die Symptome einer Depression*

Es geht also nicht darum, ob Sie ein bestimmtes Symptom irgendwann schon einmal hatten. Wenn Sie denken, dass Sie möglicherweise an einer Depression leiden, oder wenn Sie sich überlegen, ob ein bestimmtes Symptom auf Sie zutrifft oder nicht, und falls es zutrifft, ob Sie etwas dagegen tun können, sprechen Sie mit Ihrem Hausarzt. Das Durchgehen der Symptomliste kann eine gute Vorbereitung für ein solches Gespräch sein.

Wenn Sie sich die Tabelle genau ansehen, werden Sie feststellen, dass die Depression viele Gesichter haben kann. Es gibt theoretisch Dutzende von verschiedenen Möglichkeiten, um fünf Symptome aus der Reihe der erstgenannten neun miteinander zu kombinieren. Einige dieser Symptome stehen ja sogar schon in zusammengesetzter Form in der Tabelle. Beispiel: Eines der Symptome ist Gewichtsverlust *oder* Gewichtszunahme, ein weiteres ist verschlechterter Schlaf *oder* zugenommenes Schlafbedürfnis. Die Zahl der theoretisch möglichen Kombinationen ist groß. In der Praxis ist die Anzahl der Kombinationen viel kleiner, da manche Symptome fast immer vorkommen. Aber es kann auf jeden Fall festgestellt werden, dass Depression eine sehr vielfältige Erkrankung ist. Zwei Patienten können die Diagnose Depression gestellt bekommen, ohne auch nur ein einziges Symptom miteinander zu teilen. Der eine Patient ist beispielsweise die ganze Zeit über niedergeschlagen und ängstlich, kann sich nur schlecht konzentrieren, kann nichts mehr wirklich genießen, schläft schlecht ein und wird dennoch morgens um vier wach, er hat schon viele Kilos abgenommen und er hat Angst vor dem Tod. Der andere Patient ist lustlos, schläft die ganze Zeit, isst viel zu viel, ist müde, müde und noch mal müde, seine Gliedmaßen fühlen sich bleischwer an und er betrachtet den Tod als möglichen Ausweg.

Typen der Depression

Wenn zwei Patienten nicht ein einziges Symptom gemeinsam zeigen, weshalb bekommen sie dann überhaupt dieselbe Diagnose gestellt? Ist die psychiatrische Diagnostik denn so unpräzise? Innerhalb der Diagnose Depression lassen sich spezielle Formen unterscheiden. Depressive Patienten, die stark unter körperlichen Symptomen leiden, wie das beim ersten der beiden oben beschriebenen Patienten der Fall ist, leiden möglicherweise an einer melancholischen Depression (auch vitale Depression genannt). Der zweite Patient im vorigen Absatz könnte an einer atypischen Depression leiden. Menschen, die immer im Herbst oder Winter depressiv sind, haben möglicherweise eine saisonal abhängige Depression. Diese Unterscheidung hat auch einige Konsequenzen für die Behandlung.

Neben der Symptomvielfalt gibt es auch eine Vielfalt an Reaktionen auf eine Depression. In einer Depression erlebt man ein gewisses Maß an Kontrollverlust über die eigenen Gedanken und über das eigene Tun und Lassen und es ist schwieriger, dem eigenen Leben eine Richtung zu geben. Für viele Menschen ist das eine beunruhigende Erfahrung, die dazu beiträgt, dass sich diese Patienten sehr vor einer Rückkehr der Depression fürchten. Andere reagieren darauf lakonischer (siehe Illustration 2 »Setzen wir uns doch …«).

Die psychiatrische Diagnostik ist nicht ungenau, dennoch dürften weitere, künftige Studien zu Änderungen bei den diagnostischen Kriterien führen. Die heutigen Kriterien müssen demnach in den meisten Fällen als vorläufige Vereinbarung gesehen werden. Diese Vereinbarungen stützen sich durchaus auf etwas, nämlich auf Erfahrung und auf wissenschaftliche Studien, und sie haben ein deutliches Ziel, nämlich die Kommunikation der Therapeuten und der Forscher untereinander zu vereinfachen. Es gibt aber auch Gründe dafür, anzunehmen, dass die heutige Einteilung dem wissenschaftlichen Fortschritt eher im Wege steht, weil eindeutig zu heterogene Gruppen untersucht werden. Diese heterogenen Gruppen kommen deshalb zustande, weil die Diagnostik auf Symptomen basiert und nicht auf Ursachen. Eine bessere Einteilung ist allerdings noch nicht vorhanden.

2 »SETZEN WIR UNS DOCH ZU GISELA.
DIE ERZÄHLT IMMER SO GEISTREICH VON
IHREN DEPRESSIONEN.«

Die subjektive Erfahrung einer Depression wird mittels einer Symptomliste kaum ersichtlich. Da jeder Mensch einmal schlechte Stimmung hat und das häufig mit dem vielverwendeten Ausdruck »depressiv« – oder auch depri – bezeichnet wird, zieht man nur allzu gerne leichtfertig die Schlussfolgerung, man würde verstehen, wie sich eine Depression anfühlt. Damit wird diese Krankheit schwer unterschätzt (siehe Illustration 3 »Burnout? ...«).

Wenn Sie die Symptome in der Tabelle durchgehen, wird Ihnen automatisch klar werden, dass Depression eine sehr schwere Erkrankung sein kann, ist doch eines der Symptome Suizidalität.

Die schlimmste Erfahrung

Ähnlich groß wie die Vielfalt der Symptome ist auch die Unterschiedlichkeit der subjektiven Erfahrung einer Depression. Auch wenn die einen zu nichts mehr in der Lage sind und andere es noch zustande bringen, sich an die Arbeit zu schleppen, das Gefühl der Erschütterung ist immer groß. Wie groß, zeigt sich am besten anhand von Beschreibungen von Menschen, die eine Depression durchgemacht haben.

> *»Es war die schmerzlichste Erfahrung meines Lebens. Noch qualvoller sogar, als meiner krebskranken Frau beim Sterben zuzusehen. Ich schäme mich zu gestehen, dass sich meine Depression schlimmer anfühlte als ihr Tod, aber es ist die Wahrheit. Ich befand mich in einem Zustand, der nichts anderem ähnelte, was ich je zuvor erlebt hatte. Ich fühlte mich nicht nur sehr niedergeschlagen und deprimiert im üblichen Sinne des Wortes. Ich war schwer krank. Ich war völlig mit mir selbst beschäftigt, negativ gestimmt und dachte die meiste Zeit an Selbstmord. Ich konnte nicht richtig denken, geschweige denn arbeiten, und wollte mich den ganzen Tag nur im Bett verkriechen.«*[1]

[1] Aus: Lewis Wolpert: *Anatomie der Schwermut. Über die Krankheit Depression.* München: C.H. Beck, 2008.

3 »BURNOUT? WO DENKST DU HIN, MÄDCHEN! ES IST HÖCHSTENS EINE SCHWERE DEPRESSION.«

Dieses kurze Fragment zeigt viel deutlicher als die Symptomliste, wie überwältigend die Erfahrung einer Depression sein kann. Dieser Betroffene, ein berühmter Hochschullehrer für Biochemie, befand sich während seiner Depression in einem riesigen schwarzen Loch, aus dem er keinen Ausweg mehr sah. Sein Denken war völlig verändert, seine Aktivitäten beinahe auf null reduziert. Selbstmord war ständig in seinen Gedanken. Bei anderen Patienten kann es passieren, dass sich die Aggression auch nach außen richtet, besonders Angehörige stehen dann unter Beschuss.

> *»[…] hatte ich die ganze Zeit Angst. […] Ich hatte Angst vor dem Alleinsein. Ich ging zusammen mit einem Freund in mein Appartement, packte ein paar Sachen ein und ging wieder weg. In dieser Woche wohnte ich immer wieder bei anderen Freunden. Tagsüber mussten sie meistens an ihre Arbeit und ich blieb dann in ihrer Wohnung, vermied es, auf die Straße zu gehen und hielt mich immer in der Nähe des Telefons auf. […] Ich geriet in einen Gemütszustand, den ich jetzt nicht mehr nachvollziehen kann. Ich weigerte mich, mit meinem Vater zu sprechen oder ihn auch nur wissen zu lassen, wo ich mich befand. Ab und zu rief ich ihn an und hinterließ eine Nachricht auf seinem Anrufbeantworter. Diese fingen meistens an mit: ›Ich hasse dich und ich wünschte, du wärst tot.‹ Schlaftabletten halfen mir durch die Nächte.«*[2]

Auffallend ist, dass dieser Betroffene nicht nur trübsinnig, sondern auch fürchterlich ängstlich ist. Das ist bei Depressionen häufig der Fall. Hinzu kommt, dass sein Denken so weit verändert ist, dass er sich zu einem späteren Zeitpunkt, als die Depression vorüber ist, nicht mehr in den Gemütszustand, in dem er seinem Vater den Tod wünschte, hineinver-

[2] Aus: Andrew Solomon: *Saturns Schatten. Die dunklen Welten der Depression.* Frankfurt am Main: S. Fischer Verlag, 2001.

setzen kann. Man nennt das auch agitierte Depression. Man könnte sich nun zu dem Gedanken hinreißen lassen, dass die Depression seinen wahren Charakter hervorgebracht hat und dass die völlig gestörte Beziehung zu seinem Vater die wahre Ursache der Depression ist. Das ist falsch. Die Depression beeinträchtigt das Denken und verändert die Wahrnehmung, das Gedächtnis und die Urteilsfähigkeit. Wenn dieser Mann unabhängig von seiner Depression seinen Vater liebt, dann ist das, wie es wirklich ist.

Die Ansteckungsgefahr von Emotionen

Das oben dargestellte Fragment illustriert sehr anschaulich, wie schwierig und anspruchsvoll es sein kann, mit einem depressiven Menschen zusammenzuleben. Aber auch das erste Fragment spricht in dieser Hinsicht eine deutliche Sprache. Die Patienten geraten manchmal in einen so stark in sich selbst gekehrten Zustand, dass andere Menschen darin eine egoistische Haltung sehen können. Depressionen vergällen Leben, Depressionen zerstören Familien. Natürlich geschieht das nicht immer, aber das Risiko besteht. Für einen depressiven Menschen ist es nicht schön, so etwas zu lesen, aber es hat keinen Sinn, die Dinge zu verschleiern, denn wenn es doch so ist, ist es auch für sie offenkundig. Depressionen vertiefen manche Beziehungen und vermiesen andere (siehe Illustration 4 »Ist es wieder mal so weit? …«).

Sich einzugestehen, dass es schwierig ist, einen depressiven Menschen um sich herum zu haben, ist nicht dasselbe wie kundzutun, dass Sie diesen Menschen nicht mehr lieben. Die schwere, negative Atmosphäre, die von einer Depression ausstrahlt, kann ansteckend wirken, mit der Folge, dass andere Menschen sich abwenden. Dennoch ist Unterstützung aus der unmittelbaren Umgebung sehr wichtig, um eine Depression durchzustehen und zu überwinden. Genauso wichtig ist es, dass auch die Umgebung ausreichend Unterstützung einfordert und bekommt. Weiter hilft es, sich bewusst zu machen, dass Depression eine Krankheit ist. Die

4 »IST ES WIEDER MAL SO WEIT? HAST DU WIEDER EINE DEPRESSION?«

depressive Person ist in der Krankheit nicht sie selbst und letzten Endes wird die Depression auch wieder vorbeigehen – vielleicht sogar unerwartet schnell, denn es gibt eine Reihe von wirksamen Behandlungsmethoden.

Depressive Typen

Depression ist eine Krankheit, und zwar eine Krankheit, die wieder vergeht. Aber was, wenn Ihre Erfahrung eine andere ist, wenn Sie das Gefühl haben, dass Ihre trübe Stimmung ein Teil Ihrer Persönlichkeit ist, dass Sie zwar nicht so beeinträchtigt sind wie die Personen in den genannten Beispielen, sich aber häufig als trübsinnig und pessimistisch erleben und das einfach nicht vorbeigehen will? Es gibt Menschen, die an Dysthymie leiden, das heißt, dass sie weniger stark niedergeschlagen sind als Menschen mit einer Depression und dass sie weniger Symptome aufweisen, diese dafür aber sehr lange anhalten. Von Dysthymie sprechen wir, wenn ein Mensch über einen Zeitraum von zwei Jahren häufig trübsinnig gestimmt ist, dabei noch mindestens zwei weitere Symptome aufweist und sich in dem Zeitraum von zwei Jahren nie länger als ein oder zwei Monate gut fühlt. Auch das kann für die Umgebung eine Belastung sein. Das Risiko, auf Unverständnis zu stoßen, ist vielleicht noch größer als bei der Depression. Da die getrübte Stimmung nicht so intensiv ist und mit weniger weiteren Symptomen einhergeht, kann man sich mit Dysthymie besser zurechtfinden – und zum Beispiel weiter seiner beruflichen Tätigkeit nachgehen. Die Wahrscheinlichkeit, dass die Menschen in der unmittelbaren Umgebung denken, hier sei eine Krankheit im Spiel, ist kleiner, wodurch die Betroffenen schneller als Jammerlappen eingestuft werden (siehe Illustration 5 »Ich habe es so satt …«).

Manche Menschen haben doppeltes Pech und leiden sowohl an Depression als auch an Dysthymie. Wie sich später in diesem Buch noch zeigen wird, gibt es eine Reihe von wirksamen Behandlungsmethoden, wie medikamentöse und psychotherapeutische Behandlungen. Im Schnitt

5 »ICH HABE ES SO SATT, KARL.«

sind die wirksamen Methoden in etwa gleich effektiv. Eine Kombination aus medikamentöser und therapeutischer Behandlung ist meistens ein guter Ansatz. Bei Menschen, die an Dysthymie und an Depression leiden, ist die Kombination aus Medikamenten und Psychotherapie unumgänglich.

Eine schwache Persönlichkeit

Kann jeder Mensch depressiv werden? Regelmäßig sind Menschen betroffen, bei denen man das nicht erwartet hätte und bei denen niemand, auch die Betroffenen selbst nicht, einen klaren Auslöser erkennen kann. Man sieht es auch häufig in Broschüren oder im Internet: Es kann jeden treffen, es ist kein Zeichen für persönliche Schwäche. Die Ehrlichkeit gebietet zu sagen, dass der Wunsch hier doch ein wenig Vater des Gedankens ist. Ein nobler Wunsch zwar, denn er hilft, einer Stigmatisierung vorzubeugen, und es ist ja tatsächlich so, dass Depressionen sehr häufig vorkommen. Doch gibt es deutliche individuelle Unterschiede in Bezug auf die Anfälligkeit. Das ist vielleicht ein heikler Punkt, aber es lässt sich nun einmal nicht leugnen, dass Menschen, die sehr zum Grübeln neigen und die hinter jedem Baum einen Indianer sehen, ein größeres Risiko in sich tragen, depressiv zu werden. Also doch, eine schwache Persönlichkeit? Ach, mit demselben Recht kann man auch von Pech sprechen. Denn wie wird man zum Grübler? Vielleicht hat man die Neigung schon mit der Muttermilch aufgenommen, vielleicht musste man immer für alles herhalten – oder vielleicht liegt es an den Genen? Die Patienten haben oft das dringende Bedürfnis, zu verstehen, woher ihre Depression kommt. In der Behandlung spielt es auch eine gewisse Rolle, aber keine sehr wesentliche. Viel wichtiger ist es, Techniken zu erlernen, um der Grübelneigung ein Ende zu setzen. Oder zu lernen, wie man sein Leben besser strukturieren kann. Oder herauszufinden, welche Tabletten die richtigen sind.

Eine tiefgründige Persönlichkeit

Die Depression hat auch das Image der Tiefgründigkeit. Der depressive Künstler. Der Depressive als Mensch, der in Kontakt steht mit den wahren Schrecken des Lebens. Dagegen sind Leute, die nie depressiv sind, oberflächliche Materialisten, die mit aufgesetzten Scheuklappen durch das Leben gehen (siehe Illustration 6 »Ich fordere für mich …«).

Lassen Sie sich nichts vormachen. Wer so etwas glaubt, hat keine Ahnung, was Depression wirklich ist, und verwechselt Schwermut mit Depression. Ja, ich stimme Ihnen zu, nichts ist schwerer auszuhalten als ein stets fröhlicher, positiv denkender Mensch, der eine Spur zu gutgelaunt und mit salbungsvollem Dauerlächeln auf den Lippen durchs Leben geht. Lassen Sie es ruhig zu, dass Sie regelmäßig von allem und jedem die Nase gestrichen voll haben und die Welt verfluchen möchten. Das hat nämlich mit einer Depression nichts zu tun. Depression ist eine Krankheit.

Dennoch ist eine Depression auch gut erkennbar. Das macht die Sache für den Beobachter manchmal so scheußlich. In einer Depression äußern die Betroffenen Meinungen – die Welt ist korrupt, die Menschen sind schlecht, Gerechtigkeit gibt es nicht –, denen man an sich wenig entgegensetzen kann. Natürlich geschieht im Leben auch regelmäßig etwas Gutes, aber wie sähe die Bilanz auf einer Weltskala diesbezüglich aus? Mmmm. So betrachtet, kann man den Inhalt des Denkens nicht unbedingt als abweichend bezeichnen. Der Unterschied zur Normalität scheint einzig in dem zudringlichen und hartnäckigen Charakter der Gedanken und in der Tatsache, dass sie die gesamte Erlebniswelt eines Menschen beherrschen können, zu liegen (siehe Illustration 7 »Schlimm, nicht …«).

In sehr seltenen Fällen können Gedanken dieser Art völlig ins Kraut schießen und auch vom Inhalt her deutlich abweichen. Ein Patient ist dann etwa davon überzeugt, dass alles Elend der Welt seine Schuld ist, oder er fühlt sich, als würde er von innen her verfaulen. In solchen Fällen

6 »ICH FORDERE FÜR MICH DAS RECHT, UNGLÜCKLICH ZU SEIN.«

7 »SCHLIMM, NICHT, DIESER ZUSTAND IN DER WELT?«

handelt es sich um eine psychotische Depression. Eine psychotische Depression erfordert eine spezielle Herangehensweise, auf die, ebenso wie auf die manisch-depressive Störung, im Rahmen dieses Buches nicht eingegangen werden kann.

Aber was genau ist nun die Krankheit bei einer »normalen« Depression? Kann man wirklich von einer Krankheit sprechen, wie bei einer Lungenentzündung, die man entweder hat oder nicht hat, oder gibt es einen fließenden Übergang, beginnend vom Anflug einer trübsinnigen Stimmung bis zur pathologischen Depression? Die Antwort lautet sowohl als auch. Depression ist eine Krankheit, die zugleich in das Feld der normalen Trübsinnigkeit und Trauer hineinreicht, wodurch es manchmal schwierig ist, die Grenze zu ziehen.

In Gruppen mit depressiven Menschen gibt es, wie wissenschaftliche Studien nachgewiesen haben, verschiedene Abweichungen biologischer und psychologischer Art im Vergleich zu gesunden Menschen. Es gibt allerdings nicht die eine Abweichung, die so groß und konsistent vorhanden wäre, dass sie als Unterscheidungskriterium gelten könnte. Noch gibt es keinen Labortest, mit dem Depression nachgewiesen werden könnte. Hinzu kommt, dass manchmal auch bei einem gesunden Menschen so eine Abweichung angetroffen wird, wenngleich in einer milden Ausprägungsform. Weiter hinten in diesem Buch werden Sie sehen können, dass beispielsweise bestimmte Denkmuster oder Gedächtnisprobleme, die bei einer Depression auftreten, gar nicht so fremdartig sind und auch bei manchen gesunden Menschen relativ leicht hervorgerufen werden können.

Also sowohl Krankheit als auch normales Gesundheits-Krankheits-Kontinuum. Andrew Solomon verwendet eine schöne Bildsprache, um das zu verdeutlichen. Am Stamm eines gesunden Baumes wächst ein Efeu empor. Der Baum leidet nicht darunter, er »merkt« es vielleicht nicht einmal. Das Efeu wächst jedoch immer weiter und nach ein paar Jahren bedeckt es einen großen Teil des Baumstammes. Auch das kann der Baum noch ertragen, obwohl das unter ungünstigen Bedingungen – zum Beispiel bei langanhaltender Trockenheit – zu Lasten seines eigenen Wachstums geht. Würde sich aber nun jemand die Mühe machen, das Efeu zu entfernen, könnte der Baum ungestört weiterwachsen. Geschieht das nicht und wächst das Efeu immer weiter, wird einzelnen Ästen die Last zu schwer und als Nächstes zeigt der gesamte Baum Schäden. Wenn dann immer noch niemand das Efeu entfernt, ist der Baum definitiv ruiniert oder wenigstens weit davon entfernt, wieder so zu werden, wie er einmal war. So ähnlich kann auch der Verlauf einer schweren Depression vor sich gehen. An irgendeinem Punkt in diesem Prozess, der kaum festzustellen ist, wird die Grenze zwischen gesund und krank überschritten.

2. Epidemie Depression

Die Weltgesundheitsorganisation WHO (World Health Organization) hat berechnet, dass Depressionen, betrachtet man sie im Hinblick auf Invalidität und Kosten auf einer Rangliste chronischer Erkrankungen, derzeit an vierter Stelle stehen. In ungefähr 15 Jahren wird die Depression auf Platz eins geklettert sein. Dieses Kapitel beschäftigt sich mit der Frage, wie oft Depressionen auftreten, wo und bei wem sie auftreten und es behandelt einige aktuelle Themen, die sich mit den Ursachen der depressiven Erkrankungen sowie den möglichen Ursachen für den rapiden Anstieg der Depressionshäufigkeit auseinandersetzen.

Männlich und weiblich, jung und alt

Depressionen kommen häufig vor. Einer von sechs Menschen ist einmal im Laufe seines Lebens von einer depressiven Erkrankung betroffen. Nicht überall auf der Welt treten Depressionen gleich oft auf, es gibt sogar ziemlich große Unterschiede, zum einen beim Vergleich der Länder miteinander, zum anderen auch innerhalb einzelner Länder. Es ist nicht ganz einfach, diese Vergleiche anzustellen, denn es bestehen große regionale Unterschiede in Bezug auf den Zugang zu Hilfsangeboten und Behandlungen und die Akzeptanz einer Behandlung bei psychischen Problemen. Allerdings wurden in ausreichend vielen Ländern und Kulturen Bevölkerungsstudien durchgeführt, die belegen, dass es tatsächlich große Unterschiede gibt. In westlichen Ländern gilt die Häufigkeit »einer von sechs«, aber beispielsweise ist in Korea die Häufigkeit viel niedriger, sie liegt dort ungefähr bei »einem von dreißig«. Was aber in den verschiedenen Ländern und Kulturen durchaus konstant ist, ist der Unterschied zwischen Männern und Frauen: Frauen haben ein doppelt so hohes Risiko. Dieser Unterschied entsteht in der Pubertät. Bei Kindern ist das Risiko, an einer Depression zu erkranken, sehr gering und auf Jungen und Mädchen gleich verteilt. Um die Pubertät herum steigt die Zahl der Depressionen bei Mädchen langsam an, bei den Jungen nicht. Das könnte mit hormonellen Veränderungen zusammenhängen, aber starke Anzeichen sprechen dafür, dass es mehr mit der Reaktion auf die hormonellen Veränderungen zu tun hat. Mit anderen Worten, Mädchen haben mehr Probleme mit den körperlichen Veränderungen, die sich während und nach der Pubertät vollziehen, als ihre männlichen Altersgenossen. Nach der Pubertät entsprechen die Mädchen nicht mehr dem überzogenen modernen Schönheitsideal. In der Zeitspanne zwischen 1959 und 1987 ist das durchschnittliche Körpergewicht der Frauen, die zur Miss America gekürt wurden oder die als Playmate posierten, langsam von ungefähr 90% auf 83% des – ihrer Körpergröße entsprechenden – Normalgewichts gesunken. Eines der Kriterien für Anorexia nervosa ist ein Körpergewicht, das ca. 15% unter der gesunden Untergrenze liegt. Hier kommt das Schönheitsideal der Pathologie geradezu erschreckend nahe. Das führt bei Mädchen zur Unzufriedenheit und allerlei Abnehmversuchen. Extreme Diäten können zu einem Mangel an bestimmten Nährstoffen führen und dadurch die Stimmung negativ beeinflussen. Außerdem sind die Abnehmversuche fast immer zum Scheitern verurteilt, was der guten Stimmung nicht gerade zugutekommt. Weitere mögliche Ursachen für die Unterschiede zwischen Männern und Frauen werden in Kapitel vier besprochen.

Depressionen kommen in allen Altersstufen vor, aber bei Jugendlichen und jungen Erwachsenen ist der Prozentsatz am höchsten und bei Menschen in den 50ern und 60ern am niedrigsten. Ab 80 Jahren steigt der Prozentsatz wieder an. Jede Altersstufe bringt ihre eigenen Probleme mit sich, aber bei den Allerältesten kommt das Problem der Vereinsa-

8 FELIX, BEREUST DU MANCHMAL AUCH ALLES GANZ SCHRECKLICH?

mung noch obendrauf, da viele Menschen aus der Umgebung wegfallen, und es kommt der Umstand hinzu, dass sie weniger Zeit und Gelegenheit haben, Einfluss zu nehmen, dieses oder jenes zu beheben oder anders anzugehen (siehe Illustration 8 »Felix, bereust du …«).

Die relativ niedrige Häufigkeit bei älteren Erwachsenen lässt sich auf verschiedene Ursachen zurückführen. Depression ist ein Risikofaktor für körperliche Erkrankungen, wie beispielsweise Herzerkrankungen, und für Suizid, das heißt, dass die anfälligsten Menschen bereits verstorben sind und deshalb nicht in den Statistiken der über 60-Jährigen erscheinen. Eine etwas optimistischere Erklärung ist die, dass mit wachsendem Alter die Lebenserfahrung und die Widerstandskraft steigen. Eine dritte Erklärung lautet, dass hier von einem »Kohorteneffekt« die Rede ist: Untersuchungen haben ergeben, dass Depression in vielen Ländern nicht nur häufiger bei Jugendlichen auftritt, sondern dass auch die Altersgrenze für die Erkrankung im Vergleich zu vorhergehenden Generationen gesunken ist. Das hieße: Depression als insgesamt wachsendes Problem (siehe Illustration 9 »Unsere ganze Generation …«).

Es ist schwierig, diesen Kohorteneffekt mit Gewissheit festzustellen, weil es bei den Generationen, ähnlich wie bei den Kulturen, Unterschiede in Bezug auf den Zugang zur Patientenversorgung und auf die Akzeptanz psychischer Probleme gibt. Es ist also nicht mit Sicherheit zu sagen, ob Depression tatsächlich so viel häufiger vorkommt als, sagen wir, vor 50 oder 80 Jahren. Die Erklärungen, die meistens für eine Zunahme der Depressionshäufigkeit aufgeführt werden, verweisen auf die schnellen Veränderungen in der Gesellschaft, mit einerseits größeren Freiheiten und Möglichkeiten und andererseits zugenommenem Stress, geringerer sozialer Kohäsion, höheren Erwartungen an den Einzelnen sowie der größeren Gefahr, zu scheitern. Die Kehrseite des machbaren Menschen (siehe Illustration 10 »Aber du erwartest auch viel …«).

In den letzten fünfzig Jahren hat sich allerdings auch der Ernährungsstil des westlichen Menschen ziemlich verändert. Auch das könnte eine

9 »UNSERE GANZE GENERATION WURDE ZU SPÄT GEBOREN, KARL.«

10 »ABER DU ERWARTEST AUCH VIEL ZU VIEL VOM LEBEN. HÖR DOCH VERDAMMT NOCH MAL DAMIT AUF!«

Auswirkung auf die mentale Widerstandsfähigkeit haben. Mehr dazu später in diesem Kapitel.

Stress

Depression geht einher mit einer Störung des physiologischen Stress-Regulierungssystems. Wenn ein Individuum mit Stress konfrontiert wird, folgt eine Reihe von Körperreaktionen, die unter anderem dazu führen, dass die Nebennierenrinde mehr von dem Stresshormon Cortisol ausschüttet. Die Cortisol-Reaktion auf Stress hat als Funktion, dass mehr Energie freikommt, um mit dem Stressauslöser fertig zu werden, sie sorgt aber gleichzeitig dafür, dass das Stress-Regulierungssystem wieder »abgeschaltet« wird. Wenn der Hormonspiegel steigt, erfolgt ein Signal zurück an die Produktionsstätte, dass die Aktivität wieder zurückgefahren werden kann.

Unter normalen Umständen folgt das Cortisol einem eher überschaubaren Muster: Morgens ist der Cortisol-Spiegel am höchsten, im Verlauf des Tages nimmt er beständig ab, bis er dann spätabends das niedrigste Niveau erreicht hat. Das Stressigste, das einem Menschen an einem normalen Durchschnittstag passieren kann, ist offensichtlich, dass er morgens aus dem Bett muss. Während einer Depression bleibt der Cortisol-Spiegel den ganzen Tag über erhöht und das System reagiert nicht mehr auf Stress. Es ist also von einem chronisch erhöhten Cortisol-Spiegel und einer abgestumpften Reaktivität auszugehen (siehe Illustration 11 »Das macht mir nicht so viel aus …«).

Ein chronisch erhöhter Cortisol-Spiegel ergibt ein unangenehmes Gefühl, er beeinträchtigt das Gedächtnis und ist dafür verantwortlich, dass man große Gefahren weniger gut von kleinen unterscheiden kann und dass man somit dazu neigt, sich alles mehr zu Herzen zu nehmen. Man könnte den Vorgang mit einem Thermostaten vergleichen, der an einer zugigen Stelle im Haus angebracht ist – die Heizung läuft deshalb unentwegt auf vollen Touren, wodurch es an anderen Stellen im Haus

11 »DAS MACHT MIR NICHT SO VIEL AUS. DIE FALLENDEN BLÄTTER ... IN MEINEM LEBEN IST ES SCHON SO LANGE HERBST ...«

viel zu warm wird. Wenn dieser Zustand zu lange anhält, kommt es zu einer wirklichen Störung im System und dann wird es schwierig, den Thermostaten wieder normal arbeiten zu lassen. Die erforderliche Maßnahme wäre, das Zugloch zu verschließen oder an mehreren Stellen im Haus Thermostaten aufzustellen, damit das System sich besser regulieren kann. Die medikamentöse Therapie hat genau diese Wirkung: Antidepressiva erhöhen die Zahl der Cortisol-Rezeptoren, so dass der Überschuss neutralisiert werden kann. Ein chronisch erhöhter Cortisol-Spiegel ist toxisch und schadet den Nervenzellen, die beim Abschalten der Stressreaktion beteiligt sind. Daran zeigt sich, wie eng physiologische und psychologische Aspekte einer Depression miteinander verknüpft sind. Der Stress ist meistens psychologischer Art, kann aber letztlich zu physiologischen Veränderungen führen. Diese Veränderungen im Stress-System werden übrigens nicht bei allen Patienten mit einer Depression vorgefunden.

Sensibilisierungsschwelle

Die physiologischen Veränderungen könnten mitverantwortlich dafür sein, dass Depression relativ häufig ein wiederkehrendes Problem ist. Wenn ein System einmal heftig durcheinandergeraten ist, kann in dem System eine Schwachstelle zurückbleiben. Es ist sehr gut möglich, dass man nur einmal im Leben an einer depressiven Erkrankung leidet, aber ungefähr die Hälfte der Betroffenen erlebt mehr als einmal eine Depression, dabei gilt, je mehr Episoden aufgetreten sind, desto größer ist die Wahrscheinlichkeit einer weiteren Episode. Außerdem wird die Schwelle für weitere Episoden einer Depression immer niedriger. Dieses Phänomen nennt man »Sensibilisierung«. Wenn den ersten Depressionen meistens noch massiver Stress oder einschneidende Ereignisse vorausgehen, so ist dies bei späteren Episoden seltener der Fall und manchmal scheint die Schwelle gänzlich verschwunden zu sein und die Depressionen kommen ohne erkennbaren Auslöser.

Die Prognose scheint bei Depression nicht sehr günstig zu sein. Wie günstig oder ungünstig das Bild ist, hängt davon ab, wo man dies in Zahlen angeben möchte. Die Menschen, die in den Praxen der Psychologen und Psychiater vorstellig werden oder die dorthin überwiesen werden, sind im Schnitt in etwas schlechterer Verfassung als die vom Hausarzt Behandelten. Die größte Gruppe geht aber nicht einmal zum Hausarzt. In vielen Fällen ist das auch gar nicht so schlimm: Aus Bevölkerungsstudien geht hervor, dass etwa die Hälfte der Depressionen in der allgemeinen Bevölkerung nach ungefähr drei Monaten wieder vorbei ist. Andererseits ist bei ungefähr 20% der Erkrankten die Depression nach zwei Jahren immer noch nicht vorbei. Wie groß ist die Wahrscheinlichkeit, erneut an Depressionen zu erkranken, wenn die Depression vorbeigegangen ist? Das Wissen darüber ist zum größten Teil begrenzt auf die Menschen, die sich für eine Behandlung beim Arzt melden. Folgeuntersuchungen über einen Zeitraum von zehn Jahren nach der Behandlung haben ergeben, dass die Betroffenen im Schnitt sechs bis acht Wochen im Jahr an einer Depression leiden – 15% der Zeit. Dagegen leiden sie während ungefähr 60% der Zeit – etwas sieben Monate im Jahr – an einem oder mehreren Symptomen der Depression. Ein oder mehrere Symptome – solange es weniger als fünf Symptome sind – reichen für die Diagnose Depression nicht aus. Aber das ist dennoch nicht ohne Bedeutung, denn der Einzelne erlebt sich in seinem Alltag durch die Symptome durchaus eingeschränkt – je mehr Symptome, desto mehr Einschränkung. Folgeuntersuchungen zeigen weiter, dass langfristig – fünfzehn Jahre – ungefähr 80% der Untersuchten erneut eine Depression erleben. Es kann sich dabei natürlich auch um sehr kurze Phasen handeln. Als neue Episode wird auch gewertet, wenn jemand beispielsweise zu früh nach der Genesung seine Medikamenteneinnahme einstellt und kurze Zeit später bemerkt, dass er wieder eine Depression bekommt und daraufhin seine Tabletten wieder einnimmt und dann eine Heilung eintritt. Zudem muss man bedenken, dass es sich hier um Folgeuntersuchungen mit Menschen handelt, die schon öfter wegen einer Depression behandelt wurden, also nicht um Folgeuntersuchungen mit Menschen, die nur von einer ersten Depression betroffen waren. Und schließlich erhalten bei weitem nicht alle Untersuchten eine optimale oder auch nur eine adäquate Folgebehandlung – viel Raum für Verbesserung.

Genetik

Depressionen haben unverkennbar eine genetische Komponente. In bestimmten Familien kommen sie wesentlich häufiger vor als im Durchschnitt. Bei Blutsverwandten ersten Grades von depressiven Patienten besteht eine zwei- bis dreimal so hohe Wahrscheinlichkeit, an einer Depression zu erkranken als bei anderen Menschen (siehe Illustration 12 »Ach, Junge …«).

Dieser Tatbestand sagt an sich noch nicht so viel über eine genetische Ursache aus. Wenn Stress, Armut, der Erziehungsstil oder Rückschläge im Leben die Ursache der Depression sind, erwartet man auch eine ungleichgewichtige Verteilung bei den Familien. Stichhaltigere Hinweise liefern Studien mit Zwillingen, die klar aufzeigen, dass von eineiigen Zwillingen öfter beide eine depressive Erkrankung haben als von den zweieiigen Zwillingen. In Dänemark wurde eine Studie mit Kindern durchgeführt, die als Baby adoptiert wurden und als Erwachsene eine Depression bekamen. Die biologischen Eltern dieser Studienteilnehmer hatten öfter eine Depression als die Adoptiveltern. Sie hatten auch öfter eine Depression als die biologischen Eltern und die Adoptiveltern von adoptierten Kindern, die nicht depressiv wurden. Familien-, Zwillings- und Adoptionsstudien weisen demnach auf eine genetische Komponente der Depression hin. Dennoch ist der Effekt im Durchschnitt genommen nicht groß. In der Adoptionsstudie hatten beispielsweise mehr als 5 % der biologischen Eltern eine Depression und annähernd 3 % der Adoptiveltern.

12 »ACH, JUNGE ... PAPi UND iCH HATTEN SO GEHOFFT, DASS WENiGSTENS DU GLÜCKLiCH WiRST.«

Ernährung
Nahrung ist notwendig, um überleben zu können, sie kann aber auch Genussmittel sein. Wie wir alle aus Erfahrung wissen: Essen schenkt uns ein angenehmes Gefühl, eine gute Mahlzeit vielleicht sogar ein Gefühl von Glückseligkeit (siehe Illustration 13 »Gib's zu …«). Während einer Depression ist davon nicht mehr viel zu merken. Depression geht oft mit völliger Appetitlosigkeit einher. Nichts schmeckt mehr und der Patient nimmt viele Kilos ab. Viel zu viel essen kann auch vorkommen, ein »Wegessen« von Unbehagen – was im Übrigen kaum gelingt. Es entsteht eine Sucht nach Essen, vor allem nach kohlenhydratreichem Essen, und der Patient nimmt viele Kilos zu. Kann die Ernährung auch als Ursache einer Depression gelten und kann eine gute Ernährung dabei helfen, aus einer Depression herauszukommen?

Wie wir in dem Kapitel über Antidepressiva sehen werden, ist der Neurotransmitter Serotonin bei einer Depression beteiligt. Manche Antidepressiva verbessern das Funktionieren des Serotonin-Systems. Serotonin ist im Zusammenhang mit der Ernährung ein interessanter Stoff (Substanz), da seine Herstellung von der Verfügbarkeit der Aminosäure Tryptophan abhängt. Tryptophan wird in den Nervenzellen zu Serotonin umgewandelt. Tryptophan müssen wir über die Nahrung – wie Bananen, Käse, Fleisch, Fisch – zu uns nehmen. Würden wir das nicht tun, würden wir die Produktion von Serotonin behindern. Nun ist Tryptophan in vielen Lebensmitteln enthalten, so dass man sogar bei sehr ausgefallenen Diäten Schwierigkeiten hätte, einen Tryptophanmangel herbeizuführen. Andererseits ist es auch schwierig, die Serotoninkonzentration durch tryptophanreichere Nahrung zu erhöhen. Das hat wieder damit zu tun, dass wir gleichzeitig mit Tryptophan auch andere Aminosäuren zu uns nehmen. Das Verhältnis zwischen Tryptophan und den anderen Aminosäuren bestimmt, wie viel Tryptophan letztlich ins Gehirn gelangt. Kurz und gut, viele Bananen essen wirkt nicht antidepressiv, weil die Menge an Trypto-

13 »GIB'S ZU. DAS IST BESSER ALS SEX.«

phan das Gehirn nicht erreicht. Doch hat sich in Untersuchungen gezeigt, dass eine kohlenhydratreiche und eiweißarme Diät das Tryptophanverhältnis kurzfristig hinreichend dahingehend verbessert, dass manche Menschen (und Tiere) etwas widerstandsfähiger gegen Stress werden. Vorerst ist das vor allem theoretisch interessant, weil die Diät langfristig nicht gesund ist und schon eine kleine Menge an zusätzlichem Eiweiß die Wirkung zerstört.

Was durchaus einen gewissen Effekt hat, ist die Einnahme von Tryptophanpillen. Die Folgen dieses Effekts sind im Übrigen recht klein. Gegen Depressionen hilft es nicht, aber gesunde Versuchspersonen, denen eine Zeitlang Tryptophanpillen verordnet wurden, waren in ihrem Verhalten weniger streitsüchtig und ihre Gedächtnisleistung hat sich durch die Pillen oder durch eine Diät-Intervention, die denselben Effekt auf Tryptophan hat, verbessert. Das soll keine Aufforderung sein, im großen Stil Tryptophan zu schlucken – die Einzigen, die damit glücklich würden, wären die Apotheker und Hersteller. Außerdem sind die langfristigen Effekte unklar. Sie sollten Tabletten, auch solche, die es in der Apotheke oder Drogerie zu kaufen gibt, nie ohne Rücksprache mit Ihrem Hausarzt nehmen. Sie könnten beispielsweise die Wirkung anderer Heilmittel verändern.

Die Wirkung von Tryptophan auf die Stimmung und psychologische Funktionen wie das Gedächtnis ist aber – genauso wie der Zusammenhang zwischen Fettsäuren und Depression – ein aktuelles Forschungsfeld. Zwischen Depression und Herzkrankheiten besteht ein Zusammenhang und es gibt auch Hinweise dafür, dass Fettsäuren irgendetwas mit diesem Zusammenhang zu tun haben. Im Laufe des letzten Jahrhunderts ist der Anteil an Omega-3-Fettsäuren in der Nahrung des westlichen Menschen in Bezug auf Omega-6-Fettsäuren dramatisch gesunken. Es gibt weiter Hinweise dafür, dass Menschen, die selten fetten Fisch, wie Makrele oder Hering, verzehren, ein etwas höheres Risiko haben, an einer Depression zu erkranken, und dass es sich günstig auswirkt, wenn zu einer antidepressiven Behandlung die Aufnahme von bestimmten Omega-3-Fettsäuren hinzukommt. Die Zahl der entsprechenden Studien ist allerdings noch gering.

Evolution

Die Evolutionspsychologie ist ein populärer Wissenschaftszweig. Phobien, die Promiskuität der Männer, die Vorliebe für fettes Essen – für all das wird eine evolutionäre Erklärung angeboten. Evolutionäre Erklärungen lassen sich kaum, möglicherweise sogar überhaupt nicht beweisen, aber manche klingen recht plausibel. Warum haben wir Menschen Phobien und andere Angststörungen? Weil es im Laufe der Evolution von wesentlicher Bedeutung war, Angst empfinden zu können, Angst als die Antriebsfeder für Kampf oder Flucht. Ohne Angst hätte unsere Gattung in der Steppe oder im Dschungel nicht lange überlebt. Und wie bei jeder Eigenschaft gibt es bei der Neigung zur Angst eine vorhersagbare Verteilung in der Bevölkerung: Die meisten Menschen neigen mittelmäßig stark zu Angst und ein kleiner Teil der Bevölkerung neigt ganz wenig oder ganz stark dazu. Menschen mit einer Angststörung könnten somit einfach die Pechvögel am äußeren Rand der Verteilung sein. Ein weiterer Hinweis auf die evolutionäre Bedeutung der Angst ist, dass Menschen eher Phobien für Situationen und Tiere entwickeln, die im Lauf der Evolution bedeutend waren, und weniger für Dinge, die – aus evolutionärer Perspektive – erst in jüngerer Zeit als Todesursache wichtig wurden. Wir haben also immer noch mehr Angst vor Spinnen und offenen Flächen als vor Autos und Messern. Das kann man auch im Labor zeigen.

In einem Experiment wird bei den Versuchspersonen ein milder, aber unangenehmer Elektroschock mit bestimmten Dias gekoppelt. Bei der einen Versuchsperson sind es Dias von Spinnen, bei der anderen sind es Dias von Blumen. Sehr schnell lernt die jeweilige Versuchsperson, welche Dias mit einem Schock gekoppelt sind, und auch wenn der Schock ausbleibt, erfolgt eine messbare physiologische Angstreaktion. Spinnen rufen allerdings stärkere Reaktionen hervor als Blumen und die Reaktionen auf Spinnen gehen deutlich langsamer weg, wenn die Schocks ausbleiben. Im Fachjargon spricht man dann davon, dass bestimmte Stimuli schneller konditionieren als andere, Evolutionspsychologen sprechen von *prepared conditioning*.

Zurück zur Depression. Welchen evolutionären Nutzen könnte sie haben – oder anders gefragt, warum haben Menschen überhaupt die Möglichkeit, depressiv zu werden? Können Tiere depressiv werden? Je höher eine Tierart entwickelt ist, desto unverkennbarer die Tatsache, dass auch Tiere Stimmungen unterliegen (siehe Illustration 14 »Komm, komm …«).

Mit Stimmung meine ich hier eine ziemlich langanhaltende Emotion, die sozusagen angefangen hat, ihr eigenes Leben zu führen, mehr oder weniger unabhängig von einem ursprünglichen Auslöser. Die möglichen evolutionären Vorteile von Emotionen sind viel leichter nachzuvollziehen als die Vorteile, die sich aus dem Vorhandensein von Stimmungen ergeben könnten. Trotzdem wurden auch evolutionäre Erklärungen für Depressionen geäußert. So soll eine Funktion der Depression darin bestehen, den Menschen passiv zu machen. Depression sorgt dafür, dass man das, womit man sich beschäftigt, sein lässt, denn offenkundig führt es einen in die Sackgasse. Das würde bedeuten, Depression dient der Vermeidung größeren Schadens. Weiter wurde vorgebracht, dass Depression auch eine Funktion in der Lösung von Konflikten bezüglich der Hierarchie in Gesellschaften hat. Demnach ist es besser, wenn dominante Figuren, die ihre Position verlieren, passiv werden und sich nicht lange fruchtlos zur Wehr setzen, denn damit wären sie in der Gesellschaft nicht länger tragbar. Außerdem soll die Depression soziales Interesse und soziales Engagement stimulieren und auf diese Art und Weise Vorteile bringen. Wie wir im letzten Kapitel gesehen haben: Falls das stimmt, ist es eine höchst riskante Strategie. All diese evolutionären Erklärungen halte ich nicht für sehr überzeugend.

14 »KOMM, KOMM ... NICHT SO TRÜBSINNIG.«

Viel plausibler erscheint mir eine Erklärung, die von einer Funktion der trüben Stimmung und nicht der Depression ausgeht. Die Depression muss als extreme und entgleiste Form von Kummer oder Trauer gesehen werden. Kummer und Trauer haben eine wesentliche Funktion beim Zustandekommen von Freundschaften und anderen menschlichen Verbindungen. Der Mensch ist ein soziales Wesen und zweifelsohne hat die natürliche Selektion die Bildung von sozialen Verbindungen gefördert. Denn ohne solche Verbindungen besteht deutlich weniger Aussicht, Genmaterial an die nächsten Generationen weitergeben zu können. Der dahinterliegende Motor sind die Empfindungen von Bindung und Liebe, die dafür sorgen, dass wir unsere Beziehungen nicht ohne weiteres lösen. Kummer und Trauer sind deren Kehrseite, es sind die Emotionen, die zum Fehlen von Bindung gehören und in extremer Form sind es Depressionen. »Depression is the flaw in love.« Welch eine wundervolle Zeile – sie könnte aus einer Sonette Shakespeares entnommen sein, möchte man meinen, aber nein, es ist der Anfangssatz in dem Buch *The Noonday Demon* des Journalisten Andrew Solomon (auf Deutsch: *Saturns Schatten. Die dunklen Welten der Depression.* Frankfurt am Main: S. Fischer Verlag, 2001). Allein mit diesem Satz fasst er die Essenz der evolutionären Erklärung für die Depression zusammen.

3. Depressives Gedächtnis

In den vorhergehenden Kapiteln habe ich einige Fakten über Depression besprochen – die Definition, die Häufigkeit der Erkrankung, die Unterschiede zwischen Männern und Frauen, die Auswirkungen von Stress, Ernährung und Genetik. Die nächsten beiden Kapitel behandeln die Frage, was sich im Kopf von depressiven Patienten abspielt. Im Besonderen werde ich mich einigen Themen widmen, die in der vorherrschenden psychologischen Theorie, der kognitiven Theorie, wesentlich sind.

Sich erinnern während der Depression

Alles kostet in der Depression mehr Mühe, sogar sich an etwas zu erinnern. Eine der einfachsten Methoden, das Gedächtnis zu trainieren, ist, Leute dazu aufzufordern, eine Reihe von Wörtern auswendig zu lernen. Beispiel: Ich lese Ihnen eine Reihe von fünfzehn Wörtern vor und bitte Sie dann, so viele Wörter wie möglich zu wiederholen. Die letzten Wörter der Reihe werden meistens am besten behalten. Die als Letztes erhaltene Information kann man ziemlich automatisch, fast ohne Anstrengung, direkt nachdem man sie gehört hat, wiederholen, der sogenannte *Recency Effect.* Die Wörter in der Mitte der Reihe sind am schwierigsten und es braucht mehr mentale Anstrengung, um sie sich zu merken.

Bei der Depression ist der *Recency Effect* im Allgemeinen intakt – die letztgenannten Wörter werden wiedergegeben. Die Merkfähigkeit ist bei den übrigen Wörtern der Reihe etwas schlechter. Dieses Gedächtnisproblem wird von den depressiven Patienten und ihrer Umgebung ganz deutlich wahrgenommen (siehe Illustration 15 »Oh, ja …«).

15 »OH, JA ... MEINE FRAU WIRD MICH GLEICH, WENN ICH NACH HAUSE KOMME, FRAGEN: ›WAS HAT DER DOKTOR GESAGT?‹ ... WAS HABEN SIE GESAGT?«

Manchmal ist Vergesslichkeit eines der ersten Anzeichen für eine Depression. An sich eine logische Folge der Konzentrationsprobleme, die fast immer zu einer Depression gehören. Wenn die Depression abklingt, verschwindet meistens auch das Gedächtnisproblem, wenngleich nicht immer vollständig.

Depressive Erinnerungen

Nicht nur die Gedächtnisleistung leidet unter einer Depression, sondern – und das dürfte kaum verwundern – auch der *Inhalt* des Gedächtnisses wird von der depressiven Stimmung eingefärbt. Damit kommen wir zu einem anderen Aspekt des Gedächtnisses, nämlich dem autobiografischen Gedächtnis. Es sieht so aus, als würden depressive Menschen sich in erster Linie an ihre Misserfolge und an unangenehme Erfahrungen erinnern. Auch das kann mit entsprechenden Tests ziemlich leicht sichtbar gemacht werden, indem beispielsweise die entsprechende Person aufgefordert wird, anhand eines negativen, eines positiven oder eines neutralen Stichworts eine Begebenheit aus ihrer Vergangenheit zu erzählen. Ich nenne zum Beispiel das Wort »froh« oder das Wort »Streit« und bitte die Person, eine Erinnerung, die dieses Wort bei ihr wachgerufen hat, zu erzählen. Depressive Personen benötigen mehr Zeit, um positive Erinnerungen wachzurufen, manchmal gelingt es ihnen gar nicht. Negative Erinnerungen werden von depressiven Personen genauso schnell wachgerufen wie von gutgestimmten Menschen. Die Tatsache, dass das Gedächtnis von depressiven Menschen so negativ eingefärbt ist, hängt also vor allem mit der relativen Unfähigkeit, positive Erinnerungen wachzurufen, zusammen. Auch beim Auswendiglernen von Wörterreihen zeigt sich eine Vorliebe für negative Information: Depressive Personen merken sich etwa 10 Prozent mehr negative als positive Wörter. Gutgelaunte Versuchspersonen hingegen merken sich etwas mehr positive Wörter. Im täglichen Leben scheint die Übermacht der negativen Erinnerung noch präsenter zu sein. Das kommt, weil die niedergeschlagene Stimmung

16 »AUCH SCHON WIEDER TOT.«

nicht nur auf das Gedächtnis, sondern auch auf andere psychische Funktionen wie Aufmerksamkeit, Wahrnehmung und Interpretation negativ abfärbt (siehe Illustration 16 »Auch schon wieder tot.«).

Kleine Ausrutscher und gigantische Fehlgriffe

Als Nächstes stellt sich die Frage, ob das autobiografische Gedächtnis in der Depression vielleicht auch *zu* negativ gefärbt ist. Ist nur die Rede von einer »Vorliebe« für negative Dinge oder werden insgesamt kleine Ausrutscher zu gigantischen Fehlgriffen hochstilisiert? Das ist schwieriger zu untersuchen, da es ein objektives Maß für die Größenordnung eines Fehlgriffs voraussetzen würde. Während einer Depression fühlen sich die Betroffenen missraten und minderwertig, oft zum großen Erstaunen der Umgebung. Eine Depression kann genauso Menschen treffen, die nach verschiedenen objektiven Kriterien ein erfolgreiches Leben führen, so wie das bei dem Journalisten Andrew Solomon der Fall war, um ein Beispiel zu nennen. Er versteht es vorzüglich, Worte dafür zu finden, wie sich das Gedächtnis während einer Depression verändert. Seine Erinnerungen sind von seinem gegenwärtigen Leid gefärbt, überschattet oder sogar gänzlich absorbiert.

> *»Jemand kann durchaus zusammenbrechen, weil sein Leben verpfuscht ist. Hat er sich jahrelang erfolgreich vor bestimmten Problemen gedrückt, so treten sie jetzt deutlich zutage, sind nicht mehr zu übersehen. Zu Depressionen gehört auch ein tiefes Wissen um die Scheinhaftigkeit der ärztlichen Tröstungen, lediglich dein Urteilsvermögen sei getrübt. Du stehst nämlich in direkter Berührung mit den wahren Schrecken deines Lebens. Zwar kannst du dir vernünftig vor Augen führen, dass später, wenn die Medikation zu wirken beginnt, alles schon ganz anders aussehen wird, aber das Ganze geht dir nach. In depressiven Phasen schnurren Vergangenheit und Zukunft wie in der Welt eines Dreijährigen völlig auf den gegenwärtigen Moment zusammen. Du kannst dich nicht oder doch nicht*

klar an bessere Zeiten erinnern, geschweige denn, dir eine bessere Zukunft vorstellen. Bestürzt, sogar tief bestürzt zu sein, ist ein vorübergehender Zustand, die Depression dagegen ein endloser. Wer depressiv ist, hat keine Perspektive« (Andrew Solomon: *Saturns Schatten*, S. 56–57).

Die Menschen in der Umgebung einer depressiven Person sind häufig der Meinung, dass es nicht den geringsten Grund für die Selbstvorwürfe und Schuldgefühle gibt beziehungsweise dass die Person in jedem Fall maßlos übertreibt. Das findet der depressive Mensch selbst auch – wenn die Depression wieder weg ist.

Auf der anderen Seite illustriert das Textfragment, dass Depression manchmal die fundamentale Verletzlichkeit des Lebens bloßlegt, und der entkommt niemand. Wenn Sie zweifeln, lesen Sie die ersten beiden Sätze des obigen Textfragments noch einmal und nehmen Sie sich dann die Zeit, die »Top-Drei« der Dinge aufzulisten, für die Sie sich schämen – Dinge, die Sie getan oder eben nicht getan haben. Bitte lesen Sie jetzt nicht weiter, nehmen Sie sich die Zeit, Ihre persönliche Top-Drei-Liste aufzustellen …

1 ....
2 ....
3 ....

Wenn Sie damit fertig sind, stellen Sie sich bitte noch vor, dass Sie in den nächsten Monaten Ihre Gedanken einfach nicht mehr von dieser Top-Drei und anderen Dingen, die irgendwie damit zu haben, lösen können. Ob Sie nun 17 oder 71 Jahre alt sind, ich wette zehn zu eins, dass Sie davon ein unangenehmes Gefühl beibehalten (siehe Illustration 17 »Ich bin erst siebzehn …«).

Es ist nur gut, dass wir meistens in der Lage sind, unsere Scham-Top-Drei im hinteren Teil unseres Gedächtnis-Bücherschranks zu verwahren,

17 »ICH BIN ERST SIEBZEHN UND MEIN LEBEN IST JETZT SCHON EIN TRÜMMERFELD.«

finden Sie nicht auch? Stellen Sie sie schnell wieder dort ab und schreiben Sie eine Top-Drei-Liste der Dinge, auf die Sie stolz sind.

1 ....
2 ....
3 ....

Das »Weit-weg-Aufbewahren« einiger Erinnerungen kann uns also davor bewahren, dass wir uns tagtäglich durch Scham und Reue lähmen lassen, sollte aber auch nicht allzu rigoros erfolgen, denn sonst nehmen wir uns die Möglichkeit, aus einem unangenehmen Vorfall etwas zu lernen. Wir würden immer wieder in dieselbe Falle tappen.

Im nächsten Kapitel komme ich auf die Frage zurück, inwiefern die Selbstvorwürfe eines Depressiven tatsächlich einen realistischen Hintergrund haben.

Pauschal-Erinnerungen

Ein Risiko bei Depression ist, dass das Wegschieben negativer Erinnerungen zu rigoros angegangen wird und sich so ein oberflächlicher Erinnerungsstil entwickelt. Auch das konnte mit dem bereits erwähnten autobiografischen Gedächtnistest gezeigt werden. Bei dem Test sage ich ein Stichwort, meinetwegen »Garten« oder »Streit«, und gebe Ihnen eine Minute Zeit, eine Erinnerung zu beschreiben, die etwas mit dem Wort zu tun hat. Ich gebe noch die Information dazu, dass es sich um eine spezifische Erinnerung handeln muss, das heißt, das Ereignis, das beschrieben wird, darf sich nicht auf mehr als einen Tag erstrecken. Eine gute Antwort auf das letzte Stichwort könnte beispielsweise so lauten: »Letzten Monat hatte ich mit einem Kollegen Streit, der behauptete, ich würde meine Arbeit nicht gut machen.« Depressive Menschen antworten allerdings häufig in einem mehr pauschalen Sinn, wie: »Mit meinem letzten Freund hatte ich oft Streit« oder »Jedes Mal, wenn ich meine Eltern besuche.« Diese Antworten sind laut Definition nicht spezifisch genug, denn es geht dabei um Dinge, die schon über einen langen Zeitraum spielen oder die wiederholt vorkommen.

Selbstschutz?

Wenn man nach einer bestimmten Erinnerung gefragt wird, läuft im Gedächtnis die Suche von globalen nach mehr spezifischen Erinnerungen ab. Das Wort »Streit« ruft die Erinnerung an eine bestimmte Phase, nämlich die Zeit mit dem letzten Freund, mit dem es viel Streit gab, wach. Dann denkt man etwas länger nach und es kommen einem auch spezifische Einzelheiten aus dieser Phase in Erinnerung. Aber ein depressiver Mensch neigt dazu, schneller mit der Suche aufzuhören, und bleibt im wahrsten Sinn des Wortes auf der globalen Ebene hängen. Dies könnte auch von einem allgemeinen Mangel an mentaler Energie herrühren, die Aufgabe ist einfach zu anstrengend. Das ist aber nicht der Fall, denn diejenigen, die gerade dabei sind, sich von einer Depression zu erholen, haben auch oft Schwierigkeiten mit spezifischen Erinnerungen, obwohl sie ausreichend Energie besitzen, um andere, neutrale Aufgaben zu erledigen.

Möglicherweise ist das Sich-Erinnern in dieser Form eine Art Selbstschutz. Denn solange man seine Erinnerungen in der globalen Form belässt, vermeidet man die Konfrontation mit den schmerzhaftesten Momenten und die unangenehmen Gefühle bleiben einigermaßen außen vor. Für diese Erklärung spricht auch, dass es um Selbstschutz geht, dass die verallgemeinernde Form des Gedächtnisses vor allem bei denjenigen depressiven Menschen vorkommt, die traumatische Erfahrungen gemacht haben.

Perfekt funktioniert dieser Selbstschutz natürlich nicht. Es gelingt vielleicht, die allerscheußlichsten Erinnerungen zu umgehen, aber ein Gefühl des Unbehagens bleibt und mit einer gewissen Regelmäßigkeit scheint doch die eine oder andere spezifische Erinnerung auf. Aber noch

18 »TJA ... ICH WEISS NICHT ... WAS WILLST DU? WILLST DU DICH SCHEIDEN LASSEN?«

wichtiger ist, dass von den spezifischen Erinnerungen nicht nur die negativen, sondern auch die positiven unter der Oberfläche gehalten werden. Der Nachteil, der sich daraus für die Betroffenen ergibt, ist, dass sie weniger gut aus Erfahrungen lernen und deshalb weniger gut in der Lage sind, momentane und künftige Probleme zu meistern. Angenommen, ein bestimmtes Problem tritt in Erscheinung, dann braucht man, um zu einer Lösung zu finden, unter anderem die »Datenbank« des eigenen Gedächtnisses. Wer eine überallgemeine Form des Gedächtnisses entwickelt hat, ist auch in seiner Fähigkeit, aktuelle Probleme zu bewältigen, eingeschränkt (siehe Illustration 18 »Tja … Ich weiß nicht …«).

Die kognitive Therapie der Depression greift in dieses Überverallgemeinern der Erinnerungen ein. In einer kognitiven Therapie werden die Patienten aufgefordert, über Vorfälle, die ungünstig für sie gelaufen sind und die sie nun mit schlechten Gefühlen verbinden, zu berichten. Will man diese Gefühle mit Erfolg verändern, braucht es eine sehr detaillierte Berichterstattung, nicht nur in Bezug auf die Umstände – wer war dabei, was wurde gesagt –, sondern auch in Bezug auf das entsprechende Gefühl – Niedergeschlagenheit, Wut, Scham – und in Bezug auf die Gedanken, die das Gefühl auslösen – ich blamiere mich, niemand nimmt mich ernst. Die kognitive Therapie kehrt so die eingefahrene, überverallgemeinerte Form des Sich-Erinnerns um. Vielfach geht das nicht widerstandslos vonstatten. Es ist deshalb günstig, wenn sich Patienten so schnell wie möglich nach einem belastenden Vorfall Notizen machen. Aber sogar dann ist gezieltes Weiterfragen meistens geboten. Das kann auch schmerzhaft sein, denn je spezifischer und präziser jemand berichtet, desto stärker fühlt er sich in die Situation hinein. Wenn man eine Veränderung der eigenen Reaktion möchte, ist diese Ausführlichkeit erforderlich und letztlich auch lohnenswert.

4. Depressiver Realismus

Schwarzseher und Schwarzdenker

Depressive Menschen sind Schwarzseher. Wo andere ein halbvolles Glas sehen, sehen sie ein halbleeres Glas. Wo andere denken »Ich bin erst in der Hälfte des Urlaubs«, stöhnen sie »Ich muss schon bald wieder ins Büro«. Das ließe sich noch um viele Beispiele ergänzen. Depressive denken über alles negativ; über sich selbst (»Ich bin ein *Loser,* habe nie etwas erreicht«), über ihre aktuellen Beschäftigungen (»Ich gehe falsch an die Dinge heran«) und über die Zukunft (»Besser wird es nicht werden«). Manchmal wird das negative Denken so extrem, dass ein Gefühl der Hoffnungslosigkeit entsteht, aus dem Betroffene nur noch einen einzigen Ausweg sehen: aus dem Leben scheiden. Diese charakteristische, negative Art zu denken ist eines der auffallendsten Kennzeichen der Depression.

Eine der effektivsten Behandlungen bei Depression ist die kognitive Therapie. Diese Therapieform basiert auf der Annahme, dass die negative Denkweise nicht eine Begleiterscheinung der Depression, sondern eine ihrer Ursache ist. Somit wird die Korrektur der Denkweise als eine der Möglichkeiten, die Depression zu überwinden, gesehen. Dieses Kapitel beschäftigt sich mit den Denkinhalten und der Denkweise von Depressiven sowie der Frage, ob die Annahme der kognitiven Therapie stimmt. Depressive Menschen denken negativer als andere, das ist unumstößlich richtig. Aber sehen Sie sich doch einmal eine Woche lang die Nachrichten an … haben depressive Menschen nicht einfach nur recht?

Die Gedanken managen

Kurz zusammengefasst geht es in der kognitiven Therapie der Depression um drei Arten der Intervention. Zuerst lernen die Patienten, der Vorherrschaft des Schwarzsehens mit Hilfe von Ablenkungstechniken so gut es geht zu entkommen. Dann werden die negativen Gedanken unter die Lupe genommen, bei den Hörnern gepackt und so weit es geht korrigiert. Schließlich lernen die Patienten zu akzeptieren, dass es nicht immer gelingt, die negativen Gedanken vollständig auszurotten, und wie sie es dennoch schaffen können, mehr Distanz zu ihnen zu halten. Es ist normal, dass diese Art von Gedanken noch ab und zu aufflammt, das muss noch kein Anzeichen für eine neue Depression sein. Die kognitive Therapie der Depression zeigt ziemlich gute Ergebnisse. Zwei Drittel der Patienten verbessert sich deutlich nach zehn bis zwanzig Sitzungen. Diese Erfolgsquote ist ähnlich hoch wie bei der antidepressiven medikamentösen Behandlung. Sowohl nach einer kognitiven Therapie als nach einer medikamentösen Therapie bleibt allerdings eine gewisse Wahrscheinlichkeit bestehen, erneut an einer Depression zu erkranken; die kognitive Therapie scheint etwas besser vor neuen Erkrankungen zu schützen.

Placebo

Die Tatsache, dass eine Therapie wirkt, sagt allerdings noch nicht viel darüber aus, ob die Theorie, auf der sie basiert, auch stimmt. Oder, um es eine Spur zynisch zu formulieren: Man kann sich gar keine noch so abwegige Therapie vorstellen, es gibt den einen oder anderen Patienten, dem sie etwas nützt. Vor allem die Patienten mit den schwersten Erkrankungen haben im Lauf der Zeit die schrecklichsten Behandlungen über sich ergehen lassen: Malariatherapie, Insulinschocktherapie, Lobotomie. Wenn die Faktoren großes Leid und fehlendes Wissen über die Ursachen und über effektive Behandlungsmethoden zusammentreffen, kann der Druck so groß werden, dass man einfach mal etwas ausprobiert. Malariatherapie – basierend auf der Vorstellung, dass hohes Fieber einzelne

19 »MÖCHTEN SIE WARTEN, BIS ES VON SELBST VERGEHT, ODER SOLL ICH SIE ÜBERWEISEN?«

psychiatrische Patienten genesen könnte – und Lobotomie – eine durch chirurgischen Eingriff herbeigeführte Manipulation am vorderen Teil des Gehirns – werden nicht mehr eingesetzt, aber es sind dies die einzigen zwei psychiatrischen Behandlungsmethoden, für die jemals der Nobelpreis verliehen wurde.

Der natürliche Verlauf von Krankheiten und der berühmte Placebo-Effekt sorgen dafür, dass Patienten auch mit noch so unsinnigen Therapien Linderung erleben, auch wenn es nur für kurze Zeit ist. Jeder Arzt weiß das, auch wenn es nicht jeder Arzt versteht, dieses Wissen gekonnt einzusetzen (siehe Illustration 19 »Möchten Sie warten …«).

Eine Behandlung kann also erfolgreich sein, auch wenn die ihr zugrundeliegende Theorie nichts taugt. Dieses Phänomen erklärt die Hartnäckigkeit, mit der sich Homöopathie und andere alternative Heilmethoden behaupten, spielt aber selbstverständlich auch in der Schulmedizin eine Rolle. Eines der anschaulichsten Beispiele aus der Psychiatrie der jüngsten Zeit betrifft die Behandlung von Panikattacken. In den Achtzigerjahren des letzten Jahrhunderts (so klingt das beruhigend weit zurück) hat man Patienten empfohlen, im Fall einer Panikattacke in eine Plastiktüte zu atmen, um die Attacke zu stoppen. Diese Behandlung beruht auf der Vorstellung, dass Panikattacken durch Hyperventilation, genauer: durch das Ausatmen von zu viel Kohlendioxid (CO_2) verursacht werden. Wenn man nun in eine Tüte hinein ausatmete, würde man die kohlendioxidreiche Luft gleich wieder einatmen und die Panik ließe nach. Klingt nach plausibler Theorie, weil Panikattacken tatsächlich mit Hyperventilation einhergehen können und weil Hyperventilation verschiedene körperliche Empfindungen wie Schwindelgefühle oder Herzrasen verursacht. Diese Therapie war dann auch durchaus erfolgreich; nicht wenige Menschen hatten vorsorglich immer eine Plastiktüte bei sich. Es gab sogar eine Firma, die in der Produktion eines Antihyperventilationsgeräts, einer Art Mundkappe, in die man hineinatmen konnte, um Panikattacken zu unterbinden, ein Geschäft witterte.

Die Theorie ist aber falsch. Untersuchungen haben nämlich gezeigt, dass Hyperventilation vielmehr die Folge und nicht so sehr die Ursache von Panikattacken ist. Und, stärker noch, das Einatmen von stark kohlendioxidhaltiger Luft hat sich als eine der zuverlässigsten Methoden, um Panikattacken auszulösen, erwiesen. In eine Plastiktüte hineinatmen ist also genau der falsche Rat, wie konnte das dann dennoch funktionieren? So richtig zufriedenstellend hat es ja nicht funktioniert; es war zwar gelungen, Panikattacken zum Stoppen zu bringen, aber den Leuten blieb im Allgemeinen die Angst, die Attacken könnten wieder kommen, und das geschah auch regelmäßig. Die Antwort muss wohl in der beruhigenden Wirkung, die vom Rat eines Fachmannes ausgeht, in Verbindung mit einer Reihe von Handlungen, die auszuführen sind, gesehen werden. Letzteres vermittelt ein Gefühl der Kontrolle, das bei einer so unkontrollierten Erfahrung wie einer Panikattacke sehr hilfreich ist. Wirksame Therapie, untaugliche Theorie. Was ist in dieser Hinsicht der Stand der Dinge in Bezug auf die kognitive Therapie bei Depression?

Denkfehler

Nach der kognitiven Therapie leiden depressive Menschen an zwei Arten von irrationalen oder dysfunktionalen Gedanken. Zum einen sind das die *automatischen Gedanken,* Gedanken also, die immer bei einer Depression wüten, Gedanken wie »Es wird nie wieder besser werden«, »Niemand schätzt mich« oder »Ich mache aber auch alles falsch«. Diese Gedanken sind durch allerlei Denkfehler gekennzeichnet. Die Aussage »Ich mache aber auch alles falsch« ist zweifelsohne eine *Übergeneralisierung,* es ließe sich bestimmt etwas finden, das gut geht. Weiter ist die Rede von *Schwarz-Weiß-Denken,* denn die meisten Dinge sind eben nicht ausschließlich gut oder ausschließlich falsch. In der Behandlung der Depression müssen diese Denkfehler zurechtgerückt werden. Das setzt beim Therapeuten ein gewisses Maß an Takt und Können voraus, denn bevor man sichs versieht, bestätigt man einen depressiven Patienten in seinen

Vorstellungen: »Siehst du, ich denke sogar schon falsch.« Die Theorie besagt, dass diese Denkfehler aber nicht den Kern der Depression bilden. Sie sind zwar bedeutsam, denn sie können die trübe Stimmung verschlimmern oder zumindest aufrechterhalten, aber sie sind mehr Begleiterscheinung denn Ursache. Die Ursache der Depression muss eher in der zweiten Gruppe, bei den dysfunktionalen Gedanken, gesucht werden. Dabei handelt es sich um mehr allgemeine Denkmuster, die den automatischen Gedanken zugrundeliegen. Man nennt sie Schemata. Ein Schema ist die Art und Weise, wie man in der Welt steht. Ein sehr beliebtes Schema bei depressiven Menschen ist, dass man nur glücklich sein kann, wenn man von allen Menschen geschätzt wird. Oder dass alles perfekt sein muss. Oder dass man erfolgreich, reich und attraktiv sein muss, um wertvoll zu sein.

Wundermittel

In den Schemata liegt, so die kognitive Theorie, eine wichtige Ursache für Depressionen. Wenn die Schemata nicht angepasst werden, kann eine Depression zwar vorbeigehen, doch weitere Depressionen liegen dann schon auf der Lauer.

Sowohl die automatischen Gedanken als auch die Schemata sind für depressive Menschen leicht erkennbar. Die Schemata sind manchmal etwas unter der Oberfläche verborgen, so dass länger nachgefragt werden muss, um den Betroffenen bewusst zu machen, mit welcher Art von Brille sie ihre Erfahrungen betrachten. Trotzdem können die Schemata sogar mit einem einfachen Fragebogen erfasst werden. Ein solcher Fragebogen enthält eine Reihe von Aussagen des Typs »Immer wenn ich um Hilfe bitten muss, wirke ich dumm und wertlos« oder »Es ist wichtig, dass alle anderen mich immer nett finden«. Hinter jeder Aussage kann man angeben, inwieweit man der Aussage zustimmt oder nicht zustimmt. In Tabelle 2 finden Sie eine Reihe von Beispielen für Aussagen in solchen Fragebögen. Wenn die kognitive Theorie stimmt, würde man erwarten, dass der Erfolg der Behandlung von dem Maß, in dem die Schemata korrigiert werden, abhängt, also von dem Maß, in dem die Zahl der zustimmenden Antworten im Fragebogen abnimmt.

Wenn eine Depression vorübergeht, ergibt sich beim Fragebogen in der Tat ein günstigeres Ergebnis – unerheblich aber ist, ob die Depression durch kognitive Therapie, durch medikamentöse Therapie, durch Gebetsheilung oder ein Wundermittel gleich welcher Art vorübergegangen ist. Die Schemata von genesenden depressiven Menschen lassen sich von den Schemata anderer Menschen nicht mehr unterscheiden, auch dann nicht, wenn die Schemata in der Therapie gar nicht behandelt wurden. Diese Tatsache ist für sich genommen für die kognitive Theorie nicht wirklich problematisch. Wenn jemand dysfunktionale Schemata hat, heißt das nicht, dass diese auch immer *aktiv* sind – manchmal werden sie durch Rückschläge erst »aktiviert«. Solange also alles wie am Schnürchen läuft, gibt es keine Probleme, wenn aber die Quartalszahlen enttäuschen, wird ein im Ansatz depressiver Manager anders darauf reagieren als seine Kollegen.

Anleitung

Geben Sie an, inwieweit Sie mit den folgenden Aussagen einverstanden oder nicht einverstanden sind. Entscheidend ist, wie Sie meistens beziehungsweise immer über diese Aussagen denken.

1 Ich muss alles richtig machen, sonst stehe ich bei anderen Menschen nicht so hoch im Kurs.

2 Um ein wertvoller Mensch zu sein, muss ich mich auf jeden Fall in irgendetwas besonders auszeichnen.

3 Um glücklich zu sein, bin ich auf die Unterstützung und die Zustimmung anderer angewiesen.

4 Wenn andere Menschen über mich lachen, verliere ich schnell die Fassung.

5 Bevor ich etwas beginne, will ich erst sicher sein, dass es auch gelingen wird.

6 Es ist schrecklich, von Menschen, die einem wichtig sind, kritisiert zu werden.

Tabelle 2: *Beispielfragen zur Erfassung depressiver Schemata*

Kein Manager wird sich darüber freuen, aber beim depressiven Manager wird das Schema »Nur wenn alles perfekt ist, werde ich geschätzt« aktiviert. Und das färbt dann auf seine Wahrnehmungen und Erwartungen ab. »Da hast du es schon, zwei Kollegen kommen zu spät zur Besprechung, sie verlieren bereits den Respekt vor mir.« Damit wird deutlich, dass man die Schemata erst dann gut erfassen kann, wenn die betreffende Person mit Rückschlägen konfrontiert wird (siehe Illustration 20 »Aber, Frau Schmidt ...«).

Ein problematischer Faktor für die kognitive Therapie ist die Tatsache, dass die Trefferquote beim Schemata-Erfassungsfragebogen an sich offensichtlich nichts auszusagen vermag über die Wahrscheinlichkeit, ob ein Mensch eine Depression bekommt oder nicht. Das Risiko auf Neuerkrankungen ist ziemlich hoch bei denjenigen, die schon einmal eine Depression hatten. Wenn die kognitive Theorie stimmt, müssten diejenigen mit den problematischsten Schemata das größte Risiko tragen. Das scheint aber nicht der Fall zu sein. Logisch, werden Sie vielleicht denken, denn durch die Heilung werden die Schemata normalisiert, das wurde mir doch soeben erklärt. Das ist auch richtig, aber es gibt deutliche Unterschiede bei den geheilten depressiven Menschen untereinander – die einen haben eine höhere Punktezahl beim Fragebogen als die anderen. Nur, bei Menschen, die nie depressiv waren, ist das genauso und insgesamt gesehen unterscheiden sich diese Gruppen nicht voneinander. Und es zeigt sich, dass die Ergebnisse aus dem Fragebogen keine Wahrscheinlichkeiten für neue depressive Episoden oder für das Erstauftreten einer Depression vorhersagen können.

Ein leckendes Kühlsystem

Die kognitive Theorie ist damit noch nicht hinfällig, aber sie muss ein wenig angepasst werden. Weiter oben habe ich bereits erläutert, dass es ein Kennzeichen der Anfälligkeit für Depression ist, wenn im Fall von Rückschlägen oder Stress die Schemata der Schwarzmalerei leichter akti-

20 »ABER, FRAU SCHMIDT, SIE MÜSSEN SICH DIE ENTTÄUSCHENDEN QUARTALSZAHLEN NICHT PERSÖNLICH SO ZU HERZEN NEHMEN.«

viert werden. Manchmal braucht das nicht einmal einen wirklichen Rückschlag. Jeder von uns hat einmal einen schlechten Tag, und wenn es nur deshalb ist, weil der tägliche Verkehrsstau diesmal länger war als sonst. Ein solches alltägliches Stimmungstief kann bei manchen Menschen aber schon dazu führen, dass das negative Schema aktiviert wird. Das wird verständlich, wenn man bedenkt, dass während einer Depression die niedergeschlagene Stimmung monatelang, manchmal jahrelang, an das negative Schema gekoppelt war. Wenn Sie monatelang jeden Tag denselben Weg über ein Stück Wiese nehmen, gräbt sich dort ein Pfad ein, der nicht ohne weiteres wieder zuwächst, nur weil Sie einen anderen Weg nehmen. Als Restphänomen bleibt also die Tatsache, dass ein normales Stimmungstief über den Weg dieser Koppelung das Schwarzmaler-Schema wieder aktiv werden lässt. Nicht so heftig wie während der Depression, aber es kann letztlich zur Depression führen. Dann nämlich, wenn ein sogenannter *negativer Feedback-Loop* in Gang gesetzt wird – ein Teufelskreis aus negativen Erwartungen und negativen Erfahrungen. Wenn diese negative Rückkopplungsschleife nicht von etwas Positivem durchbrochen wird, steht am Ende eine neue Depression.

Sollten Sie sich nun fragen, ob Sie selbst anfällig für Depressionen sind, überlegen Sie sich dann nicht nur, ob Sie der Aussage »Ich kann nur glücklich sein, wenn alle anderen mich mögen« zustimmen, sondern auch, wie Sie bei Rückschlägen oder wenn Sie unter Stress stehen oder wenn Sie am Montagmorgen wieder im Stau feststecken über diesen Satz denken. Sie müssten also die Fragen in Tabelle 2 zweimal beantworten, einmal in einer neutralen Stimmung und einmal, wenn Sie Stress oder Ärger haben. Um einmal einen etwas unehrwürdigen Vergleich anzustellen: Wenn Sie Ihr Auto in die Werkstatt bringen, weil Sie vermuten, dass das Kühlsystem leckt, wird Ihr Kfz-Mechaniker nicht nur unter der Motorhaube nachsehen, ob es dort irgendwo tröpfelt. Er wird vielmehr das Leck aufspüren, indem er das Kühlsystem unter hohen Druck setzt, um festzustellen, an welcher Stelle das Wasser herausspritzt. So ähnlich funktioniert das auch mit den depressiven Schemata, man sieht sie erst dann gut, wenn das System unter Druck steht.

Dieses Phänomen nennen wir *kognitive Reaktivität*. Die kognitive Reaktivität zeigt demnach an, in welchem Umfang die depressiven Schemata bei Rückschlägen oder durch trübselige Stimmung aktiviert werden. Mit anderen Worten, die Reaktivität ist der Unterschied in der Punktezahl, der sich ergibt, wenn Sie den Fragebogen zweimal ausfüllen, in neutraler Stimmung und unter Stress. Die kognitive Reaktivität derjenigen Patienten, die mit Hilfe der kognitiven Therapie von ihrer Depression geheilt wurden, ist niedriger (günstiger) als die von Menschen, die mit Antidepressiva oder anderen Behandlungsmethoden geheilt wurden. Weiter gibt es Hinweise dafür, dass bei Menschen mit einer niedrigen kognitiven Reaktivität die Wahrscheinlichkeit, an weiteren Depressionen zu erkranken, niedriger ist als bei Menschen mit einer hohen kognitiven Reaktivität. Diese Daten unterstützen die Annahme der kognitiven Theorie, dass die depressiven Schemata nicht einfach nur Begleiterscheinungen von Depressionen sind, sondern eine ursächliche Rolle bei ihrer Entstehung spielen.

Wiederkäuen

Bis jetzt haben wir über Denkinhalte gesprochen. Nun komme ich auf die Form des Denkens zu sprechen. Eine amerikanische Psychologin mit niederländischem Namen, Susan Nolen-Hoeksema, benutzt den Begriff *ruminieren* – wörtlich: wiederkäuen, wieder erwägen, überlegen –, um einen weiteren bezeichnenden Aspekt depressiver Gedanken zu beschreiben. Manche Menschen gehen, wenn sie sich im Stimmungstief befinden, intensiv bei sich selbst auf Ursachenforschung aus. Warum fühle ich mich so niedergeschlagen? Wie kommt es, dass ich so müde bin? Was hat es zu bedeuten, dass ich meinen Stimmungen so unterworfen bin? Ruminieren meint das unproduktive Denken und Grübeln über Stimmungen, über mögliche Ursachen dieser Stimmungen und über die Frage, was die

Stimmungen zu bedeuten haben. Es ist eine Art von *emotionaler Argumentation.* »Ich fühle mich elend, also wird das etwas zu bedeuten haben.« Ruminieren ist nicht dasselbe wie Probleme lösen – beim Ruminieren bleibt man in dem ganzen Unrat stecken, anstatt einen Besen zur Hand zu nehmen und den Dreck wegzukehren.

Nicht jeder Depressive oder jeder, der depressiv wird, ruminiert gleich viel – diejenigen, die es am meisten tun, werden im Allgemeinen depressiver und bleiben länger in der Depression als diejenigen, die das weniger tun. Frauen neigen mehr zum Ruminieren als Männer – möglicherweise weil Frauen mehr auf die Beziehungsebene ausgerichtet sind als Männer (siehe Illustration 21 »Ich finde es …«).

Ein Mann, der sich elend fühlt und das Problem nicht gleich aus der Welt schaffen kann, geht eine Runde Sport treiben, gräbt sich in seine Arbeit ein, hängt mal kräftig in der Kneipe ab oder reagiert sich genüsslich an einem unschuldigen Opfer ab. Fühlt eine Frau sich elend, überlegt sie hin und her, was sie denn nun wieder falsch gemacht hat, und kreist um die Frage, was sie tun kann, um Abhilfe zu schaffen. Auch wenn die Ursache überdeutlich beim anderen liegt – beispielsweise, wenn die Freundin, die sich früher oder später mit jedem anlegt, jetzt mit einem selbst Streit anfängt –, neigen Frauen viel stärker dazu, fruchtlos hin und her zu überlegen, wie sie es hätten kommen sehen müssen, wo sie falsch gelegen haben und warum sie so offensichtlich nicht der Mühe wert sind.

Vielleicht spielt dieser Unterschied zwischen Männern und Frauen eine Rolle bei der Tatsache, dass Depressionen bei Frauen ungefähr doppelt so häufig auftreten als bei Männern. Aber warum kommen Depressionen dennoch auch bei Männern häufig vor? Tja, auch Männer ruminieren natürlich dann und wann (siehe Illustration 22 »Wie kommt es nur …«).

21 »ICH FINDE ES IN DEN LETZTEN SECHS, SIEBEN JAHREN GAR NICHT MEHR GUT, FELIX.«

22 »WIE KOMMT ES NUR, DASS ICH SO MÜDE BIN, FRÄULEIN MÜLLER? WAS MACHE ICH DENN SCHON GROSS DEN GANZEN TAG?«

Jammertal

Kehren wir zurück zu den Denkinhalten und zur Frage, die ich am Anfang dieses Kapitels gestellt habe: Haben Depressive nicht einfach recht? Das Leben ist ein Jammertal und es geht noch dazu immer schlecht aus. Wer kann schon an einem normalen Tag die Zeitung lesen, ohne sich zu fragen, warum nicht die ganze Welt depressiv ist? Könnte es nicht auch so sein, dass die sogenannten »gesunden« Menschen eine rosarote Brille auf haben, anstatt dass die Depressiven durch eine schwarze Brille schauen? Wissenschaftler haben sich dafür sogar einen Begriff einfallen lassen: *depressiver Realismus.* Wenn das stimmt, dann ist bei der kognitiven Therapie doch etwas Merkwürdiges der Fall. Sie müsste ja dann funktionieren, wenn man den Menschen beibringen würde, *weniger* rational zu denken.

Es gibt beträchtliche Beweise dafür, dass gesunde Menschen tatsächlich durch eine rosarote Brille schauen. Wenn Versuchspersonen an einem Experiment teilnehmen, bei dem sie, ohne dass man ihnen das sagt, keinerlei Einfluss auf das Ergebnis haben, dann zeigt sich, dass trübsinnig gestimmte Versuchspersonen ihre eigene Leistung genauer einschätzen als Versuchspersonen mit guter Stimmungslage. Beispiel: Eine Versuchsperson wird vor eine Schalttafel mit allerlei Knöpfen platziert und soll durch Knöpfedrücken versuchen, ein grünes Lämpchen brennen zu lassen. In Wirklichkeit ist das grüne Licht gar nicht mit den Knöpfen verbunden, es geht willkürlich an und aus. Die gutgestimmten Versuchspersonen meinen am Ende, wirklich Einfluss auf das An- und Ausgehen des Lichts gehabt zu haben, wohingegen die trübsinnig gestimmten Versuchspersonen ihre Leistung viel genauer einschätzten. Dieses Phänomen hat man mehr als nur einmal zeigen können; es ist ein robustes Phänomen, das sich auch außerhalb des Labors zeigt. »Normale« Menschen denken, dass sie einmal im Lotto gewinnen werden, dass sie überdurchschnittliche soziale Fertigkeiten besitzen und dass ihnen kein Unglück widerfahren wird. Kurz gesagt, sie finden, dass sie im Leben Glück gehabt haben, auch wenn ihnen da nicht jeder zustimmen kann (siehe Illustration 23 »Wie kommst du denn darauf? ...«).

Ist das nun kein großes Problem für die kognitive Theorie? Die Schlussfolgerung, dass die kognitive Therapie nichts weiter ist als das Erlernen eines Kunstgriffs, nämlich die Augen vor dem realen Elend um sich herum zu verschließen, scheint naheliegend. Und wer möchte das schon erlernen? Ein gewisser Herr Percy jedenfalls nicht, denn von ihm fand ich folgendes Zitat: »Überlegen Sie doch nur, welche Erwachsenen nie depressiv sind: Dummköpfe, kalifornische Surfer und Fundamentalisten. Würden Sie Ihre Depression dafür tauschen wollen, um einer von ihnen zu werden?«[3] Sie halten das für eine rhetorische Frage? Die Dame auf Seite 78 verspricht sich davon jedenfalls wenig (siehe Illustration 24 »Ihr müsst wirklich ...«).

Vielleicht ist Ihnen ja aufgefallen, dass es in den Experimenten um »trübsinnig gestimmte Versuchspersonen« und nicht um »depressive Versuchspersonen« ging. Das ist ein wichtiger Unterschied. An den Experimenten, in denen der depressive Realismus nachgewiesen wurde, waren nämlich Studenten, die im Rahmen ihrer Ausbildung an Studien mitwirkten, beteiligt, ganz unabhängig davon, ob sie depressive Symptome hatten oder nicht. Depressive Symptome sind weit verbreitet, aber es hat bei weitem nicht jeder Mensch mit depressiven Symptomen auch eine Depression. Die Versuchspersonen hatten höchstens eine milde Form einer Depression, deretwegen sie keine Behandlung aufsuchten oder benötigten. Eine »echte« Depression geht nämlich sehr wohl mit einem viel zu negativen Blick auf das Leben einher:

> »*... dass ich mich selbst so extrem niedermache, mir den Kopf voll schelte, nie ein gutes Wort für mich selbst übrig habe, nie auch nur einmal mich*

---

3 Nach Percy Walker: *Lost in the Cosmos: The Last Self-Help Book.* New York: Farrer, Straus & Giroux, 1983.

23 »WIE KOMMST DU DENN DARAUF? WIR HABEN EIN WUNDERBARES LEBEN!«

24 »IHR MÜSST WIRKLICH DIESEN TEE EINMAL PROBIEREN. DAVON WIRD MAN GANZ WUNDERBAR DEPRESSIV!«

wohl fühle in meiner Haut. Ein Schulterklopfen ist zu viel verlangt. Nichts ist gut genug, und wenn ich mich noch so ins Zeug lege, es kann und muss immer noch besser sein. […] Von niemandem sonst kriege ich derartig heftig eins auf den Latz als von mir selbst. Mit meinem Terror stehe ich allein da, es gibt niemanden, der meine Meinung teilt. Wenn ich sage: »Ich bin als Mutter wertlos«, dann sagen die Kinder: »Mama, du bist die Liebste auf der ganzen Welt.« Wenn ich sage: »Ich kann nicht kreativ kochen«, dann sagt mein Mann: »Ich liebe die einfachsten Gerichte« (nach: Betsy Udink: *Klein leed.* Amsterdam: Meulenhoff, 2001).

Der depressive Realismus beschränkt sich also auf milde Ausprägungsformen von Depression, so dass er als Phänomen die kognitive Theorie im Kern gar nicht berührt. Und außerdem, wie dem obigen Zitat zu entnehmen ist, betreffen depressive Gedanken in erster Linie uns selbst.

Rosaroter Blick

Es bleibt aber die Tatsache, dass eine gute Stimmung mit einem zu rosaroten Blick verbunden ist. Warum ist das so – und bekommt man nicht früher oder später dafür die Rechnung präsentiert? Manchmal schon, aber insgesamt betrachtet hält sich das in Grenzen. Wenn sich ein übertriebener Optimismus in irreale Erwartungen an die Anschaffung von Rubbellosen übersetzt, dann bekommen Sie dafür meistens die Rechnung präsentiert. Die Krux liegt aber in der Tatsache, dass wir nicht so oft mit Lotteriespielen mit festgelegter minimaler Gewinnchance zu tun haben oder mit Trickspielen, bei denen unvorstellbar viele Lämpchen an- und ausgehen. Bei den meisten Ereignissen, die überhaupt von Bedeutung sind, haben wir mit Menschen zu tun – die uns einen Vorteil gönnen oder nicht, eine bestimmte Regelung locker handhaben oder nicht, ein Auge zudrücken oder uns zu Hilfe kommen.

Stellen Sie sich vor, Sie suchen eine neue Arbeitsstelle und Sie entdecken eine Anzeige, die Ihnen sehr attraktiv erscheint. Irgendwie müssen

Sie sie vorher übersehen haben, denn der Termin für Bewerbungen ist schon mehr als eine Woche verstrichen. Ein realistischer Gedanke ist nun, dass Sie halt Pech gehabt haben und auf die nächste Gelegenheit warten müssen. Wenn Sie glauben, dass Sie sich noch in das Bewerbungsverfahren hineinargumentieren können, sind Sie wahrscheinlich viel zu optimistisch, es liegen vermutlich schon an die fünfzig Bewerbungen vor. Wahrscheinlich, nicht sicher. Derjenige mit dem realistischen Gedanken ruft nicht an und bekommt den Job nicht. Derjenige mit dem optimistischen Gedanken ruft an, bekommt meistens eine Absage, aber das eine oder andere Mal hat er Glück und bekommt letztlich den Job doch. So können Sie sich wahrscheinlich unzählige Beispiele ausdenken, die zeigen, dass man mit Experimenten ein interessantes Phänomen offenlegen kann, dass man sich aber vor einer Übertragung der Ergebnisse auf das Alltagsleben hüten soll, weil die Umstände manchmal andere sind als im Labor.

Aber wie verhält es sich nun mit dem depressiven Nachrichten-Zuschauer? Hat er recht oder hat er nicht recht? Man kann unmöglich auf Dauer behaupten, trübsinnige Gedanken über den Zustand der Welt seien irrational. Man kann nicht dagegen argumentieren, dass unschuldige Menschen von Katastrophen heimgesucht werden, dass Korruption prächtig gedeiht, Gerechtigkeit in weiter Ferne scheint und dass wir am Ende alle sterben müssen. Selbstverständlich ist das nur die eine Seite der Medaille, aber das ist nicht die Krux der Sache. Wenn Sie in einer Depression sind und denken, dass es keine Gerechtigkeit auf der Welt gibt, nutzt es wahrscheinlich nicht viel, wenn Ihnen jemand verschiedene Beispiele des Gegenteils nennt. Das wissen Sie ja selbst, aber in einer Depression scheinen Gegenbeispiele kein oder zu wenig Gewicht zu haben. Nur mit Zynismus oder Selbstspott können Sie noch etwas Abwehr gegen all das Unrecht aufbauen (siehe Illustration 25 »Zum Glück …«).

Nur, Zynismus und Selbstspott helfen Ihnen nicht aus der Depression. Deshalb ist es besser, wenn Sie Ihre Gedanken nicht als irrational,

25 »ZUM GLÜCK BESITZT ER SEHR VIEL SELBSTIRONIE.«

sondern als dysfunktional betrachten – denn sie helfen Ihnen nicht dabei, Ihrem Ziel näherzukommen, nämlich zu einer etwas gerechteren Welt beizutragen oder sich trotz des Unrechts nicht kleinkriegen zu lassen.

5. Suizid

2007 nahmen sich in Deutschland 9402 Menschen das Leben, die meisten durch Erhängen. Das bedeutet mehr als 25 Leute pro Tag. Die Zahl hat die letzten Jahre etwas abgenommen, 1998 gab es 11 644 Suizide. Etwa zehnmal so viele Menschen unternehmen einen Selbstmordversuch. Dabei gibt es regionale Unterschiede, Unterschiede nach Jahreszeiten, aber die größten Unterschiede zeigen sich zwischen Männern und Frauen und bei den verschiedenen Altersgruppen. Mehr als doppelt so viele Männer wie Frauen nehmen sich das Leben, aber deutlich mehr Frauen unternehmen einen Selbstmordversuch. Nicht bei all diesen Versuchen ist das Gelingen gewollt, manchmal ist es eine verzweifelte Art und Weise, den Ernst einer Situation deutlich zu machen – ein Schrei um Hilfe. Aber auch das ist etwas sehr Ernstes; die beste Vorhersage für einen Selbstmord ist ein früherer Selbstmordversuch.

Was geht in jemandem vor, der sich selbst das Leben nimmt? Viele von ihnen haben eine psychiatrische Erkrankung. Es geht nicht nur um Depression – auch Menschen, die an Alkoholismus oder Schizophrenie leiden, begehen relativ häufig Suizid. Eindringliche Selbstmordgedanken kommen bei sicher der Hälfte aller Menschen mit depressiver Erkrankung vor, eingegeben durch Aussichtslosigkeit, Schuldgefühle, einem völligen Mangel an Selbstwert und dem Gefühl, der Umgebung zur Last zu fallen. Aussichtslosigkeit ist ein Schlüsselbegriff: Die meisten Menschen sehnen sich gar nicht so sehr nach dem Tod, sondern mehr nach »nicht mehr sein« – sie sehen keine andere Möglichkeit, ihr Leid zu beenden. Manchmal erscheint es als die beste aller Optionen. »Es wird doch nie wieder besser und wenn ich gar nicht mehr bin, fühle ich mich auch nicht mehr elend und bin für andere keine Last mehr.« Letzteres ist ein Irrtum. Für die Hinterbliebenen ist die Verarbeitung eines Verlusts durch Suizid ein wesentlich schwierigerer und langwierigerer Prozess als bei Verlust durch natürlichen Tod. Die Schuldgefühle sind bei den Hinterbliebenen oft sehr groß: Was hat sie dazu bewegt? Was hätte ich tun können? Was hätte ich tun müssen? Auch der erste Gedanke – es wird nie wieder besser – ist ein Irrtum. Manchmal überleben Menschen durch reinen Zufall einen gut vorbereiteten und ausgeführten Selbstmordversuch. Es kommt gar nicht so selten vor, dass diese Menschen später dankbar sind, dass sie noch leben.

Ich bin froh, dass ich lebe

> *»Als ich noch an meiner Depression litt, hatte ich mein Leben für bankrott erklärt. Ich war bereit, als mein eigener Richter das Urteil, die Todesstrafe, auszusprechen und als mein eigener Henker aufzutreten. Ich dachte viel und oft an den Tod, der wie eine Erlösung aussah. Seit es besser geht, denke ich das nicht mehr und es erscheint mir nicht gut, nicht mehr zu sein. Ich werde noch lange nicht gehen, denke ich jetzt, sie werden mich zum Tod hinschleppen müssen«* (nach: Betsy Udink: *Klein leed.* Amsterdam: Meulenhoff, 2001).

Die Autorin dieser Zeilen hat glücklicherweise nie einen Selbstmordversuch unternommen, aber während einer Depression war der Tod vielfach in ihren Gedanken. In ihrer Umgebung hat man vielleicht etwas vermutet, aber niemand hat etwas gesagt.

> *»Ich habe nie mit jemandem darüber gesprochen, schon allein aus Gründen der sozialen Hygiene. Man darf anderen die eigenen unangemessenen Gedanken nicht überstülpen«* (nach: Betsy Udink: *Klein leed.* Amsterdam: Meulenhoff, 2001).

Offenkundig hat in der Umgebung auch nie jemand das Thema angeschnitten. Vielleicht hat die Patientin es sehr gut verstanden, ihre wahren Gefühle zu verbergen, vielleicht wurde aus Angst geschwiegen. Es gibt das hartnäckige Missverständnis, dass es besser sei, mit einem depressiven Menschen nicht über Selbstmord zu sprechen – man soll niemanden auf falsche Gedanken bringen. Sie brauchen keine Angst davor zu haben, falsche Gedanken zu streuen, wenn Sie im Kontakt mit einem depressiven Menschen Selbstmordgedanken zur Sprache bringen. Die Wahrscheinlichkeit, dass Ihr Gegenüber diese Art von Gedanken sowieso hat, ist sehr groß. Darüber zu reden ist manchmal eine Erleichterung, zumindest verdeutlicht es den Ernst der Situation. Und Sie hätten Gelegenheit, der Vorstellung des depressiven Menschen, dass es für alle Beteiligten am besten wäre, wenn er ginge, zu widersprechen.

In meinen Augen ist es keine gute Option, im Fall von depressiven Menschen eine Hilfestellung zur Selbsttötung in Erwägung zu ziehen. Ich habe allerdings leicht reden, denn als Psychologe verschreibe ich keine Medikamente, so dass eine solche Bitte kaum an mich herangetragen werden dürfte. Es ist ein schreckliches Dilemma. Sich bei den Bitten um Hilfe zum Suizid gar nicht offen zu zeigen, kann zur Folge haben, dass sich ein Patient weiter abgewiesen, unverstanden und nicht ernst genommen fühlt. Andrew Solomon schreibt:

> *»Mit dem Wissen, dass ich diese Minute überstehen und mich in der nächsten immer noch umbringen kann, muss ich mich von dieser nicht völlig erdrücken lassen. […] Nichts entsetzt mich mehr als der Gedanke, dass ich irgendwann nicht mehr imstande sein könnte, mich selbst zu töten«* (Andrew Solomon: *Saturns Schatten,* S. 280–281).

Über *Hilfe* zur Selbsttötung mit jemandem zu sprechen, der depressiv ist, birgt allerdings das Risiko in sich, dass damit der Eindruck erweckt wird, man würde der Behauptung, dass es so kein Leben ist und dass es nie mehr anders wird, zustimmen. Der erste Teil der Behauptung mag ja vielleicht stimmen, der zweite Teil nicht. Für eine große Zahl psychiatrischer Erkrankungen gibt es Behandlungsvorschriften für Psychiater; es gibt keine Vorschrift für den Fall von Hilfe zur Selbsttötung, aber es gibt Richtlinien dafür, wie Psychiater mit einer solchen Bitte zu verfahren haben. Psychiater werden eine Bitte um Hilfe zur Selbsttötung zuerst immer als eine Bitte um Lebenshilfe auffassen. Während einer Depression sind viele Menschen sehr empfänglich für den Gedanken, »mit dem Leben fertig zu sein«, wobei es später für sie schwierig sein kann, sich wieder in den Gemütszustand hineinzuversetzen, der damals von ihnen Besitz ergriffen hatte.

> *»Was ich sagen wollte, ist, dass wenn ich sterben will, ich noch lange nicht sterben muss«* (nach: Betsy Udink: *Klein leed.* Amsterdam: Meulenhoff, 2001).

Flächenbrand

Mancher Suizid schockiert eine ganze Nation. 2003 wurde der 52-jährige Bernard Loiseau, französischer Spitzenkoch und erfolgreicher Geschäftsmann, tot, mit einer Schusswunde am Kopf, in seiner Wohnung aufgefunden. Sein Jagdgewehr lag neben ihm. Es gab keinen Abschiedsbrief, aber allgemein wurde darüber spekuliert, dass Loiseau die Neuauflage des Michelinführers nicht abwarten wollte. Kurz vorher war seine Beurteilung in einem anderen Restaurantführer, dem Gault-Millau, niedriger ausgefallen als im Jahr davor. Die Schande, einen der drei Michelinsterne aberkannt zu bekommen, wollte Loiseau nicht erleben müssen. Noch vor seiner Beerdigung erschien der Michelinführer, mit drei Sternen für Loiseau. Sein Tod hat heftige Diskussionen über die Härte dieses Beurteilungssystems in der französischen Presse ausgelöst.

Diesen Suizid kann man wohl als Beispiel für den sogenannten »anomischen« Suizid heranziehen, den der Soziologe Durkheim Ende des 19.

Jahrhunderts beschrieben hat, der von Menschen begangen wird, die sich plötzlich von der Gesellschaft entfremdet fühlen, wie das bei einem Arbeitnehmer der Fall sein kann, der nach dreißig Jahren treu erfüllten Dienstes plötzlich entlassen wird. Weiter hat Durkheim von einem »altruistischen Suizid« gesprochen, bei dem eine Person glaubt, mit ihrem Freitod der Gesellschaft einen Dienst zu erweisen – der Student, der sich 1968 selbst angezündet hat, um gegen den Einmarsch der Russen in Tschechien zu protestieren, könnte dafür ein Beispiel sein, aber auch all jene depressiven Menschen, die denken, ihrer Umgebung nur noch zur Last zu fallen.

Die soziologische Komponente bei Durkheim impliziert, dass in Gesellschaften, die Selbsttötung ablehnen und in denen der Zusammenhalt groß genug ist, um Menschen dabei zu helfen, wieder Freude am Leben zu gewinnen, weniger Suizide vorkommen – die sozialen Bindungen haben dann eine präventive Wirkung. Wenn Selbsttötung aber als eine Tat gesehen wird, die in bestimmten Situationen der Gesellschaft oder einer bestimmten Gruppe nützt, kann – umgekehrt – die Integration in eine solche Gruppe Suizidhandlungen Vorschub leisten. Mit entsprechenden Beispielen wird die westliche Welt derzeit auf harte Weise konfrontiert. Ein damit verwandtes Phänomen gibt es allerdings schon viel länger, nämlich, dass ein Suizid andere nach sich ziehen kann. So etwas kann vorkommen, wenn eine berühmte Persönlichkeit Selbstmord begeht, es kann aber auch innerhalb einer Gruppe von Freunden, vor allem unter Jugendlichen, geschehen. Ein Suizid kann somit die Schwelle für einen folgenden Suizid herabsenken. Menschen, die grundsätzlich für Depression und Suizid anfällig sind, erleben, wenn sie mit einem Suizid in ihrer unmittelbaren Umgebung konfrontiert werden, nicht nur eine scheußliche Situation, die Tat kann auch eigene Überlegungen über Selbstmord akzeptabler erscheinen lassen. Auch in den Abteilungen psychiatrischer Krankenhäuser kann es vorkommen, dass ein Suizidversuch das Risiko weiterer Versuche durch andere Patienten zunehmen lässt.

Ursachen

Manche Menschen planen ihren Suizid sehr sorgfältig, sie hinterlassen Abschiedsbriefe, ein Testament und Anweisungen für die Beerdigung. Wieder andere scheinen sehr impulsiv zu ihrer Tat gekommen zu sein. Auch wenn ihnen der Gedanke vielleicht seit vielen Jahren durch den Kopf spukte, an einem x-beliebigen Tag setzen sie den Plan einfach so in die Tat um, als wären sie von einem plötzlichen Drang überwältigt worden. In solchen Fällen kann es viel ausmachen, ob die Mittel, um einen Selbstmord zu begehen, leicht verfügbar sind. In den USA sind Schusswaffen in 60 Prozent der Fälle dieses Mittel. Entscheidend kann hier auch sein, ob niederschwellige Hilfsangebote vorhanden sind – oder ob im Vorfeld besprochen wurde, was man tun kann, wen man anrufen kann, wohin man gehen kann, falls diese Gedanken sich einem aufdrängen.

Selbstmordversuche finden in Reaktion auf unangenehme Ereignisse statt: Verlusterfahrungen, gravierende Demütigungen, aussichtslose Situationen – beziehungsweise in dem Moment als aussichtslos empfundene Situationen. Das heißt natürlich nicht, dass die Ereignisse die wirkliche Ursache sind, sie müssen aber als Risikofaktoren gesehen werden.

Selbstmordversuche werden von Menschen unternommen, die bestimmte Kriterien erfüllen: So gibt es Hinweise, dass eine genetisch bedingte Anfälligkeit, ein zu niedriger Cholesterinwert und eine niedrige Serotoninkonzentration in bestimmten Gehirnbereichen – vor allem in den vorderen Bereichen des Gehirns, die bei der Impulskontrolle beteiligt sind – eine Rolle spielen.

Aus der Zwillingsforschung wissen wir, dass bei eineiigen Zwillingen viel öfter beide einen Suizidversuch unternehmen als bei zweieiigen Zwillingen. Vor allem bei den impulsiven und sehr gewalttätigen Formen von Suizid ist ein niedriger Serotoninspiegel beteiligt. Dennoch kann man auch hier nicht unbedingt von der Ursache des Suizids sprechen, sondern besser von einem Risikofaktor. Es gibt nicht DIE EINE Ursache für Suizid, es geht immer um ein Zusammentreffen von Risikofaktoren und Umständen. Über die neurobiologische Seite von Suizid gäbe es noch viel mehr zu sagen, aber das würde im Rahmen dieses Buches zu weit führen. Was ich zum Ausdruck bringen will, ist, dass biologische Faktoren eine Rolle spielen, die hoffen lassen, dass Anknüpfungspunkte für künftige Therapien gefunden werden.

Einen Suizid vorherzusagen ist in Bezug auf depressive Menschen sehr schwierig. Auch unter depressiven Menschen ist ein Suizid glücklicherweise ein selten vorkommendes Phänomen und selten vorkommende Phänomene lassen sich bekanntermaßen nur schwer vorhersagen. Ein früherer Suizidversuch ist der gewichtigste Indikator.

Suizidgedanken sind sehr einschneidend und führen zu Schuldgefühlen. Auch deshalb hinterlassen sie tendenziell einen starken Abdruck. Damit will ich sagen, dass sie manchmal leicht wieder wachzurufen sind oder zwischendurch einfach so wüten können, auch außerhalb von depressiven Episoden. Es kann eine beängstigende Erfahrung sein, wenn allerlei normale Situationen und Gemütszustände Gedanken an Selbstmord auslösen können (siehe Illustration 26 »Echt ein Wald …«).

In so einem Fall könnte jemand nun leicht schlussfolgern, dass er offensichtlich doch noch nicht von der Depression geheilt ist, sondern *eigentlich* nach wie vor stark depressiv ist, obwohl er sich doch meistens ganz gut fühlt. Das muss keineswegs zutreffen. Was ich im Kapitel über den depressiven Realismus gesagt habe, gilt auch hier: Wenn Sie lange genug immer an derselben Stelle über eine Wiese gehen, gräbt sich dort ein Pfad ein, der nicht sogleich wieder zuwächst, wenn Sie einen anderen Weg nehmen. In einer Depressionsphase wurde möglicherweise der Pfad der Suizidgedanken vielfach bewandert, so dass diese Gedanken mit allem Möglichen assoziiert sind. Die Folge ist, dass die Gedanken auch unabhängig von der Depression noch eine Weile viel leichter als sonst ausgelöst werden können, sie müssen keineswegs auf eine neuerliche Depression hindeuten. Wenn der Gedanke an Suizid Angst und Schuldgefühle

26 »ECHT EIN WALD, IN DEM MAN SICH AUFHÄNGEN MÖCHTE, FINDEST DU NICHT AUCH?«

mit sich bringt, dann dürften die Betroffenen stark dazu neigen, die Gedanken wegzuschieben und Ablenkung zu suchen. Das ist nur in Maßen eine gute Idee. Ablenkung suchen ist in Ordnung, Wegschieben meistens nicht. Das Wegschieben sorgt gegebenenfalls für einen *Rebound*-Effekt. Betrachten Sie einmal den Gedanken an Suizid wie einen Ball, den Sie mit einer Hand unter Wasser halten wollen: Das gelingt meistens ganz gut, aber es erfordert Konzentration und Kraft und wenn Sie einmal nicht aufpassen, drängt er gleich wieder an die Oberfläche. Besser ist es, den Ball neben sich hertreiben zu lassen und zu beobachten, wie er langsam vom Strom des Wassers mitgenommen wird.

Erlernte Hilflosigkeit

Mitte der Sechzigerjahre drohte eine Studie, die in Philadelphia über die Auswirkungen von Stress auf das Verhalten von Versuchstieren unternommen wurde, fast zu misslingen. Die Forscher hatten mehreren Hunden leichte, aber unangenehme Elektroschocks verpasst und wollten daraufhin deren Verhalten in neuen Situationen beobachten. Die Hunde wollten sich aber nicht mehr verhalten, sie blieben in ihren Käfigen liegen und waren gänzlich inaktiv. Forschungsvorhaben fehlgeschlagen, bis jemandem bewusst wurde, dass sie durch reinen Zufall etwas Wichtigem auf die Spur gekommen waren – einem Tiermodell für Depression?

Die Versuche wurden mit systematischer Versuchsanordnung wiederholt und es stellte sich heraus, dass unkontrollierbare Schocks – wenn das Tier nichts tun kann, um die Wahrscheinlichkeit eines Elektroschocks zu senken – zu Apathie führen. Der entscheidende Aspekt war die Unkontrollierbarkeit: Zwei Hunde werden in verschiedene Käfige gesperrt, deren Boden in regelmäßigen Abständen unter Strom gesetzt wird. In dem einen Käfig kann der Hund auf die andere Seite des Käfigs springen und den Elektroschock damit beenden – die Tiere entdecken das sehr schnell. In dem anderen Käfig steht der Boden genauso lange unter Strom wie in dem ersten Käfig, denn es handelt sich um ein- und denselben Stromkreislauf. Der erste Hund kontrolliert also faktisch die Dauer der Elektroschocks in beiden Käfigen. Der zweite Hund bekommt genauso viele Schocks ab wie der andere Hund, er hat aber keinerlei Möglichkeit, einzugreifen. Die Folge ist, dass nur der zweite Hund apathisch wird. Die Forscher nannten das Phänomen *learned helplessness* – erlernte Hilflosigkeit.

Die Folgen sind weitreichend. Wird ein hilfloses Versuchstier in eine neue Umgebung gebracht – in der es nun über Kontrollmöglichkeit verfügt –, verhält es sich weiterhin hilflos und gerät dadurch in alle möglichen und unnötigen Schwierigkeiten. Sogar wenn das Tier von der einen Seite des Käfigs auf die andere gezerrt wird, um es spüren zu lassen, dass dort die Schocks aufhören, fällt der Groschen nicht.

Erlernte Hilflosigkeit war etwa zehn Jahre lang eines der wichtigsten Modelle für die Depression. Es ist sehr gut möglich, dass manche Depressionen die Folge unkontrollierbarer, negativer Erfahrungen in der Jugend sind, die zu apathischem Verhalten, Unentschlossenheit und zur mangelnden Fähigkeit, diese Probleme aus der Welt zu schaffen, führen. Auch in Tierversuchen wurde das Modell viel verwendet, beispielsweise um die Wirkung von Antidepressiva zu testen.

Das Modell zeigt auch, was man im Englischen *face validity* nennt: Etwas erscheint offensichtlich als gültig. Man kann sich das vorstellen, dass unkontrollierbare, schreckliche Erfahrungen von Kindern – Verlust eines Elternteils zum Beispiel und all die Folgen, die so etwas nach sich zieht – zu Apathie und Hilflosigkeit führen und später möglicherweise zu einer Depression. Tatsächlich haben Kinder, die in jungen Jahren ihre Mutter verlieren, ein etwas höheres Risiko, als Erwachsene an einer Depression zu erkranken. Weiter scheint das Modell nicht nur bei negativen Geschehnissen Gültigkeit zu haben. Wenn man sich lange Zeit für eine Sache abgestrampelt hat und sich dann herausstellt, dass alle Anstrengung umsonst war, kann es geschehen, dass man jegliches Interesse verliert und aufgibt (siehe Illustration 27 »In der Zentrale …«).

27 »IN DER ZENTRALE HATTEN SIE NOCH NIE VON MIR GEHÖRT.«

Dennoch spielt das Modell in seiner ursprünglichen Form heute keine so wichtige Rolle mehr. Es kann nämlich ein paar Dinge nicht wirklich gut erklären. Dazu gehört zum einen, dass nicht alle Versuchstiere hilflos werden – eine Tatsache, die in der anfänglichen Begeisterung ein wenig übersehen wurde. Es waren ganz klare Unterschiede zwischen den beiden Gruppen von Hunden zu erkennen, die die unkontrollierbaren Schocks bekommen beziehungsweise nicht bekommen hatten, aber einer von vier Hunden wurde *nicht* apathisch und hilflos. Es musste noch ein anderer Faktor im Spiel sein, etwas das mit dem Hund selbst zu tun hat und dafür verantwortlich ist, ob er dem unkontrollierbaren Stress etwas entgegenzusetzen hatte oder nicht. Als weiteres Problem stellte sich heraus, dass depressive Patienten auf Nachfrage zwar eine Menge negativer Ereignisse aufzählen konnten, dass dies aber nicht unbedingt unkontrollierbare Ereignisse, wie die Elektroschocks, waren. So verlagerte sich die Aufmerksamkeit immer mehr auf das, was im Gehirn solcher Menschen, die auf schlimme Ereignisse mit Hilflosigkeit reagieren, abläuft. Worum es geht, ist die gedankliche Ursachenzuschreibung – Attribution –, die jemand in Bezug auf das negative Ereignis vornimmt. Diejenigen, die als Ursachen tendenziell eher etwas ausmachen, das intern – der eigenen Person zugeordnet – global und stabil ist, haben ein höheres Risiko, depressiv zu werden, als diejenigen, die die Ursachen extern – in den äußeren Umständen – suchen, die nicht gleich ihr ganzes Leben verdorben sehen und die die Ursache als etwas Vorübergehendes sehen. Also, eine depressive Attribution besagt, dass jemand meint, das Problem liege an ihm selbst, der ganze Tag sei nun im Eimer, und der davon ausgeht, dass sich das Ereignis bestimmt wiederholen wird. Na, da siehst du's, das muss mir wieder passieren … (siehe Illustration 28 »Großartig! …«).

In dem Beispiel auf Seite 95 ist eine solche interne, globale und stabile Attribution zu sehen – obwohl, interne Attribution? Der Text hat doch einen ziemlich beschuldigenden Ton, aber wahrscheinlich ist die Attribution doch mehr intern, weil die Betonung darauf liegt, wie nun ihr Mut-

 »GROSSARTIG! DAS IST MEIN MUTTERTAG.«

tertag verdorben ist – ansonsten kommt es noch darauf an, ob sie es als ihren Fehler sieht, dass sie einen so ungeschickten Jungen hervorgebracht hat. Hier wird einem auch sofort klar, wie manche Kinder zu ihrem pessimistischen Attributionsstil kommen. Die Zeichnung auf Seite 97 zeigt eine externe, globale und stabile Attribution, die unverhohlen aggressiv ist (siehe Illustration 29 »Du immer ...«).

Der Attributionsstil, ob er nun optimistisch oder pessimistisch ist, hat in mehrerlei Hinsicht Konsequenzen. Die Relevanz für die Depression wurde in einer Studie unter amerikanischen Erstsemester-Studenten, die noch nie depressiv gewesen waren, nachgewiesen. Sie wurden dreißig Monate lang beobachtet und das Ergebnis war, dass von denjenigen, die einen positiven Attributionsstil hatten, nur ein Prozent in dieser Phase depressiv wurde, wohingegen unter den Pessimisten ganze 17 Prozent einmal mindestens vierzehn Tage lang depressiv wurden.

Auch in unserem Alltagsleben ist der Attributionsstil von Bedeutung. So wurde im letzten Jahrhundert fast ausnahmslos der optimistischere amerikanische Präsidentschaftskandidat gewählt. Auch im Profisport, im Basketball und Baseball hat sich gezeigt, dass die Reaktionen der Spieler und der Trainer auf eine Niederlage mitbestimmen, ob sie den nächsten Wettkampf gewinnen werden. Der Attributionsstil von Politikern und Spitzensportlern wurde ermittelt, indem man ihre Reden beziehungsweise ihre Kommentare in den Medien, vor allem die Kommentare auf Rückschläge oder eine Niederlage, analysiert hat. Der Trainer, der zum Besten gibt, dass die Mannschaft versagt hat und dass einige Spieler ja förmlich eingebrochen seien, holt sich selbst die nächsten Probleme ins Haus.

Die Relevanz für Suizid liegt in dem Umstand, dass ein interner, globaler und stabiler Attributionsstil zu Hilflosigkeit führt: Es hat doch alles keinen Sinn. Die zeitgemäße Version des Modells der erlernten Hilflosigkeit wird als die Hilflosigkeitstheorie der Depression bezeichnet. Sie sagt aus, dass es einen bestimmten Subtyp der Depression gibt, bei dem diese

29 »DU IMMER MIT DEINEN TOLLEN PLÄNEN!
DER BUS WIRD WOHL AUCH NICHT KOMMEN.«

pessimistische Denkart eine große Rolle spielt und die im Verlauf zu weiteren Symptomen wie Verzweiflung, Schuldgefühlen und Gefühlen der Wertlosigkeit führt. Die Hoffnungslosigkeit ist bei depressiven Patienten ein ziemlich hoher Risikofaktor für Suizidversuche.

Was tun?

Was können Sie tun, wenn es in Ihrer Umgebung jemanden gibt, bei dem Sie den Verdacht haben, er oder sie sei suizidal? Die amerikanische »National Depressive and Manic-Depressive Association« gibt dafür folgende Empfehlungen:

- Hören Sie aufmerksam zu, was der betreffende Mensch sagt.
- Verurteilen Sie die Gefühle des anderen nicht.
- Nehmen Sie ihn oder sie ernst. Die meisten Menschen, die ihre Suizidgedanken äußern, begehen keinen Suizid, aber es ist immer ein ernst zu nehmendes Signal.
- Versichern Sie ihm oder ihr, dass die Situation sich wieder bessern wird. Suizid ist eine auf Dauer angelegte Lösung für ein vorübergehendes Problem.
- Stellen Sie direkte Fragen: Gibt es einen konkreten Plan für einen Suizid? Wenn ja, was ist das für ein Plan?
- Versprechen Sie keine Vertraulichkeit – Sie brauchen die Freiheit, wenn nötig, professionelle Hilfe einschalten zu können.
- Suchen Sie Hilfe. Sprechen Sie mit dem Hausarzt, dem behandelnden Therapeuten oder einem Krisendienst.
- Lassen Sie bei akuter Gefahr die betreffende Person so lange nicht allein, bis professionelle Hilfe eingetroffen ist.

6. Antidepressiva

Sex and Drugs and Money 'n' Suicide

Antidepressiva sind ein *big business.* Menschen in westlichen Ländern verbrauchen große Mengen und die Anwendungsgebiete weiten sich ständig aus. Sie werden nicht nur bei Depressionen verschrieben, sondern auch bei Panikattacken, sozialen Ängsten, Zwangsstörungen, Bulimia nervosa, Schmerz, Hypochondrie, Ejaculato praecox und dem prämenstruellen Syndrom. Antidepressiva sind kontrovers, es kursieren die unterschiedlichsten Meinungen über sie: Sie retten Leben, sie führen zu abgestumpften Gefühlen, angeblich treiben sie Kinder in den Suizid.

Die paradoxe Situation ist die, dass zu viel und gleichzeitig zu wenig Antidepressiva verschrieben werden. Manche Menschen schlucken sie gegen eine schlechte Ehe (siehe Illustration 30 »Und für sie einen Teller Prozac.«) – wo sie aber nicht helfen – und andere, die davon profitieren könnten, verwenden sie gar nicht oder in einer zu geringen Dosis.

Dieses Kapitel behandelt alle wesentlichen Punkte, die es über Antidepressiva zu sagen gibt, und einige Randphänomene, die sich als bedeutsam herausgestellt haben. Besprochen werden soll, wie Antidepressiva bei einer Depression wirken und warum es so schwierig ist, diese Wirkung festzustellen. Weiter kommen die Geschichte der Antidepressiva, das Marketing und die verschiedenen Interessen der Hersteller, der Forscher, der verordnenden Ärzte und Psychiater und der Aufsichtsbehörden zur Sprache. Und, was ist dran an den Berichten, dass Antidepressiva Suizid verursachen können?

30 »UND FÜR SIE EINEN TELLER PROZAC.«

Die Entdeckung der Antidepressiva

Anfang der Fünfzigerjahre des letzten Jahrhunderts wurde das erste bei Psychosen wirksame Medikament entdeckt. Eine Psychose ist ein Zustand, in dem die Menschen nicht mehr in der Lage sind, Fantasie von der Wirklichkeit zu unterscheiden, und in dem Halluzinationen (zum Beispiel das Hören von Stimmen) und Wahnvorstellungen (zum Beispiel Verfolgungswahn) im Spiel sind. Der Name des Medikaments ist Chlorpromazin. Die Entdeckung ist der ausgezeichneten Beobachtungsgabe eines französischen Chirurgen während der Testläufe mit einem Vorläufer von Chlorpromazin bei der Anästhesie zu verdanken. Ihm war aufgefallen, dass dieses Mittel die Patienten nicht nur schläfrig machte, sondern auch weniger emotional sein ließ, lakonischer. Nach dieser Entdeckung wurden dann allerlei Varianten dieses Medikaments entwickelt. Das ist eine vielverwendete Strategie – der dahinterliegende Gedanke ist, dass Varianten vielleicht weniger oder weniger starke Nebenwirkungen haben und dadurch als Arzneimittel zugelassen werden können. Eine dieser Varianten, Imipramin, wurde gegen andere Beschwerdebilder eingesetzt und dabei hat man entdeckt, dass es eine stimmungsaufhellende Wirkung hat. Sowohl die Entdeckung der antipsychotischen Wirkung des Vorläufers von Chlorpromazin als auch die antidepressive Wirkung der Variante Imipramin geschahen also durch Zufall. Oder besser formuliert: Die Entdeckungen sind den genauen Beobachtungen während der Experimente mit den neuen Mitteln zu verdanken. Der Zufall ist überall, nur aufmerksame Menschen können einen Vorteil daraus ziehen. Chlorpromazin und Imipramin sind immer noch eingetragene Arzneimittel, unter verschiedenen Handelsnamen erhältlich. Imipramin war übrigens nicht das erste Antidepressivum. Um 1950 war schon ein Mittel entdeckt worden, das allerdings wegen gravierender Nebenwirkungen später wieder zurückgezogen wurde. Antidepressiva gibt es also seit mehr als einem halben Jahrhundert.

Arzneimittelentwicklung

Die Entwicklung und die Testverfahren neuer Arzneimittel sind ein kostspieliger und langwieriger Prozess. Ein solches Verfahren, das von Untersuchungen mit Tieren über Tests an gesunden freiwilligen Versuchspersonen bis zu den Tests mit Patienten läuft, kann schon einmal zehn Jahre dauern und Hunderte Millionen Euros kosten. Viele neue Medikamente scheitern aufgrund von Zweifeln an ihrer Sicherheit oder der Wirksamkeit auf diesem Weg und kosten der Pharmaindustrie nur eine Menge Geld. Eine Variante eines bestehenden Mittels verspricht größere Aussicht auf eine Registrierung am Ende der Wegstrecke und auf gute Umsätze.

Wenn ein Arzneimittel schließlich zugelassen wird, hat eine unabhängige Regierungsorganisation dieses Mittel auf seine Sicherheit und seine Wirksamkeit hin überprüft, aber über Langzeiteffekte des Mittels ist dann noch wenig bekannt. Es ist zu dem Zeitpunkt zwar an einigen hundert Menschen getestet worden, aber sehr seltene Nebenwirkungen sind dabei nicht notwendigerweise ans Licht gekommen. Das Mittel ist zudem meistens an solchen Patienten getestet worden, die gewisse Kriterien erfüllen, zum Beispiel Patienten, die keine weiteren Erkrankungen haben und keine anderen Medikamente zu sich nehmen. Die Ärzte werden das Mittel aber auch solchen Patienten verordnen, die für die Zulassungsuntersuchungen nicht in Frage gekommen wären (siehe Illustration 31 »Meine Mutter hasst mich …«).

Arzneimittelvermarktung

Es gibt zwei Einflussbereiche, die dafür sorgen können, dass die Ärzte weniger zurückhaltend sind. Zum einen kann seitens der Patienten Druck ausgeübt werden, weil sie, aus der Vorstellung heraus, dass neu gleich besser ist, die neusten Mittel verschrieben bekommen möchten. Zum anderen kommt Druck aus der Pharmaindustrie. Dem Hersteller, der ein neues Medikament entwickelt hat, steht ja nur eine gewisse Zeit zur Verfü-

1 »MEINE MUTTER HASST MICH, MEINEN VATER KANN ICH NICHT AUSSTEHEN, MIT MEINER SCHWESTER LIEGE ICH SEIT SECHS JAHREN IM CLINCH, MEINE TOCHTER TAUGT NICHTS, MEIN SOHN IST EIN ENTSETZLICH VERWÖHNTER EKELBATZEN, MEIN MANN GEHT FORTWÄHREND FREMD, FREUNDINNEN HABE ICH NICHT, DIE NACHBARN SCHNEIDEN MICH, ICH FINDE MICH SELBST ALT UND HÄSSLICH UND DUMM. AUSSERDEM, ICH HABE IMMER KOPFSCHMERZEN, ICH BIN IN DEN WECHSELJAHREN, MAL GUCKEN ... NOCH WAS VERGESSEN? ICH GLAUBE NICHT ... DAS WAR'S DANN WOHL SO.«

gung, um die Investitionsausgaben zurückzuverdienen. Irgendwann läuft der Patentschutz ab und die Konkurrenz kann dasselbe Mittel auf den Markt bringen – ohne die Entwicklungs- und Zulassungskosten –, also viel billiger. Die Konkurrenten können auch versuchen, eine Variante des neuen Medikaments zugelassen zu bekommen, bei der sie lediglich eine kleine Veränderung in der molekularen Struktur angebracht haben, ein sogenanntes Analog- oder *»Me-too«*–Präparat. Die Wahrscheinlichkeit, dass diese kleine Variante dann auch wirksam ist, ist viel größer, als wenn von Beginn an mit der Entwicklung eines Medikaments begonnen werden muss.

Die Pharmaindustrie hat also ein Interesse daran, dass sich ein neues Präparat schnell auf dem Rezeptblock der Ärzte wiederfindet. Das hat zur Folge, dass am Ende die Kosten für Marketing und Werbung sogar noch höher liegen als die für Entwicklung und Forschung. Viel Werbegeld wird ausgegeben, um Marktanteile bei solchen Krankheiten zu gewinnen, für die es eine Reihe von Medikamenten gibt, die sich in der Wirkung nicht sehr stark voneinander unterscheiden und die von den Patienten über einen langen Zeitraum hinweg eingenommen werden müssen. Depression ist dafür ein gutes Beispiel. Es gibt ungefähr zwanzig verschiedene Antidepressiva auf dem Markt. Oft ist es eine Frage des Ausprobierens, ob ein Patient besser auf das eine oder das andere Mittel reagiert. Wenn das Mittel hilft, auch wenn es gar nicht umfassend ist, wird ein Patient nicht schnell zu einem anderen Medikament wechseln wollen. Die Industrie profitiert also davon, wenn ihr Mittel bei den Ärzten ganz oben in der Auswahlliste steht, deshalb fließt viel Geld für Werbemaßnahmen bei den Ärzten. Werbung, die sich direkt an die Patienten richtet, ist verboten, was aber in gewisser Weise umgangen werden kann, indem man nicht für das Präparat wirbt, sondern die Krankheit in den Fokus der Aufmerksamkeit stellt. Der Umsatz lässt sich auch dadurch prima erhöhen, dass man den Leuten bewusst macht, dass es so etwas wie Depression gibt, dass es sich dabei um eine Krankheit handelt und dass es effektive Medikamente dagegen gibt. Webseiten, auf denen man testen kann, ob man an einer Depression leidet, werden nicht selten von der Pharmaindustrie gesponsert. Das kann man manchmal daran erkennen, dass man sehr einfach zur Website des Herstellers weiterklicken kann, aber manchmal ist es vor allem an der recht einseitigen Information über die Ursachen und Behandlungen zu erkennen.

Natürlich hat die Industrie ebenso ein Interesse daran, dass ihre Mittel nicht unbegrenzt beziehungsweise ohne entsprechende Indikation verschrieben werden, denn das würde das Risiko auf unerwünschte Wirkungen erhöhen. Wird ein Mittel zu häufig solchen Patienten verordnet, für die es an sich nicht gedacht ist, wird es schneller als schädlich oder als ineffektiv eingestuft und das ist nicht im Sinne des Herstellers.

Trotzdem sind die Ärzte der Einflussnahme und der Verführung, neue Medikamente auch schnell zu verschreiben, ausgeliefert. Für einen Arzt mit einer durchschnittlichen Praxisgröße ist es eine schier unmögliche Aufgabe, immer die neusten wissenschaftlichen Publikationen über alle Arzneimittel, die er oder sie verordnet, im Auge zu behalten. Das gilt für Hausärzte wie für Fachärzte. Das Dilemma dabei ist, dass einerseits Zurückhaltung erwartet wird – bei den alten, vertrauten Mitteln weiß man viel mehr über Langzeiteffekte und mögliche Wechselwirkungen mit anderen Medikamenten – und dass andererseits die Ärzte keine neuen Entwicklungen verpassen wollen. Allein schon deshalb, weil die Patienten im Laufe der Zeit immer mündiger geworden sind und man sich nicht die Beschwerde einfangen möchte, man hätte jemandem etwas vorenthalten.

Dass es so schwierig ist, den Überblick bei den Neuentwicklungen zu behalten, hat nicht nur mit der Vielzahl der Publikationen zu tun, sondern auch mit der Tatsache, dass die Beurteilung der zahlreichen Studien sehr kompliziert ist. Vielleicht macht es nicht den Anschein, als wäre das so schwierig: Man denkt, ein neues Mittel gefunden zu haben, und um zu erfahren, ob es funktioniert, testet man es an einer hinreichend großen Zahl von Patienten und hält fest, was passiert. So einfach ist das leider nicht. Zuerst erwähnt werden soll, dass es immer einen Placebo-Effekt gibt. Der liegt bei Depressionen bei ca. 30 Prozent, das heißt, eine von drei Personen verbessert sich, hat aber gar kein Medikament bekommen, sondern nur *geglaubt,* ein Medikament bekommen zu haben.

In einer Untersuchung müssen also nicht nur ausreichend viele Patienten das neue Mittel verordnet bekommen, sondern eine weitere Gruppe von Menschen muss ein Placebo erhalten und weder die Patienten noch die Ärzte wissen, wer das wirkliche Mittel und wer das Placebo bekommt.

Und selbst das reicht noch nicht aus, denn sogar wenn die Wirkung eines Medikaments besser ist als die des Placebos, wird das noch nicht viele Ärzte veranlassen, ihre vertrauten Mittel gegen das neue Mittel einzutauschen. Es muss also auch nachgewiesen werden, dass das neue Mittel besser ist als eines der älteren Mittel. Dabei kann man als Hersteller verschiedene Strategien verfolgen. Wenn ein Hersteller glaubt, dass das neue Mittel nicht unbedingt wirksamer ist als die älteren Mittel, aber davon auszugehen ist, dass es weniger Nebenwirkungen hat, kann er es im Testverfahren gegen ein Mittel antreten lassen, das für das hohe Risiko auf Nebenwirkungen bekannt ist. Und wenn ein Hersteller die Karten ein wenig zu seinem Vorteil beeinflussen möchte, bekommen die Patienten eine relativ hohe Dosierung des alten Mittels beziehungsweise es wird ein relativ schnell ansteigendes Dosierungsschema gehandhabt, was die Wahrscheinlichkeit des Auftretens von Nebenwirkungen in der Kontrollgruppe erhöht. Wenn der Hersteller dagegen annimmt, dass das eigene Mittel zwar viele Nebenwirkungen haben wird, aber zugleich effektiver sein wird als das ältere, wählt er ein Vergleichsmittel aus, das um seine relativ niedrige Wirksamkeit bei den schwereren Formen der Depression bekannt ist. Man kann auch unterschiedliche Bedingungen formulieren, wer an der Studie teilnehmen darf und wer nicht: nur Patienten mit schweren Depressionen oder auch solche mit relativ leichten Depressionen. Oder man entscheidet sich für oder gegen eine sogenannte Placebo-

Run-In-Phase: In den ersten zwei oder drei Wochen bekommen alle Teilnehmer ein Placebo und nur diejenigen, die daraufhin keine Verbesserung haben, nehmen auch an der nächsten Phase teil, bei der die Hälfte ein Placebo und die andere Hälfte das wirkliche Mittel verabreicht bekommt. Aus diesen Variationen lassen sich eine Unmenge von Kombinationen bilden, die alle Einfluss auf das endgültige Abschneiden des Mittels in der Studie haben. Um Missverständnissen vorzubeugen: Es geht hier nicht um Betrug oder Irreführung. Es gibt beispielsweise eine gewisse Bandbreite von Dosierungen und Dosierungsschemata. Die Entscheidung für eine hohe Dosierung oder ein Schema mit schnell ansteigender Dosis ist nicht automatisch falsch oder unethisch. Und Pharmafirmen sind kommerziell arbeitende Organisationen, die ihre Entscheidungen so treffen, dass sie ihren Interessen nützen. Es ist die Aufgabe der Zulassungsbehörden und der akademischen Forscher, die mit der Industrie zusammenarbeiten, auf ein sinnvolles Studiendesign und eine ehrliche und ausgewogene Darstellung der Ergebnisse zu achten. Ihre Objektivität darf nicht durch eine Abhängigkeit von der Industrie, die die Untersuchung finanziert, kompromittiert werden. Dies ist ein heikler Punkt, denn sogar wenn die Wissenschaftler nicht direkt finanziert werden, so entsteht durch die Gelder aus der Industrie doch die Möglichkeit, Personal einzustellen, um Studien durchzuführen, Ergebnisse zu publizieren und Ruhm zu erlangen. Es ist leichter gesagt als getan, Widerstand gegen eine Studie mit einem für den Hersteller günstigen Studiendesign zu leisten und bei der Interpretation der Ergebnisse die eigene Objektivität zu wahren. Auch hier geht es nicht um Betrug oder Irreführung, das Problem ist subtiler. »Schönheit liegt im Auge des Betrachters.«

Beruhigend ist aber, dass die Art der Selbstkontrolle in der Wissenschaft dazu führt, dass die Wahrheit letztlich ans Tageslicht kommt. Aber das kann etwas dauern und in der Zwischenzeit herrscht große Unsicherheit. Die Forscher brauchen ihrerseits die Pharmaindustrie, so dass man zur Lösung dieses Problems dazu übergegangen ist, dass die Forscher bei ihren Publikationen alle direkten und indirekten Hilfeleistungen, die sie erhalten haben, nennen müssen und auch andere relevante Interessen (zum Beispiel Aktienbesitz).

Damit soll nur einmal gesagt sein, dass die Beurteilung von Arzneimitteln eine Angelegenheit für Spezialisten ist. In einigen Ländern gibt es unabhängige Zeitschriften, die vom Staat bezuschusst werden und teilweise die Beurteilungsaufgabe der Ärzte übernehmen. Es sind dies Zeitschriften, die nicht von der Industrie gesponsert werden, in denen keine Anzeigen erscheinen und die somit ein Urteil garantieren, das so unabhängig wir nur möglich ist.

Die Pharmaindustrie versucht, mit Werbung in medizinischen Fachblättern und indem sie Mitarbeiter – Arztbesucher – mit Hochglanzprospekten in die Arztpraxen, die Krankenhäuser und auf Kongresse schickt, das Verschreibungsverhalten der Ärzte zu beeinflussen. Zudem sponsern die Fabrikanten Schulungs- und Nachschulungsaktivitäten. Mit spürbarer Wirkung, der Effekt von Sponsoring auf das Verschreibungsverhalten ist deutlich ablesbar. In der Vergangenheit haben die Arztbesucher ziemlich unverfroren Geschenke ausgeteilt – zum Beispiel Reisen zu Kongressen mit einem attraktiven Partnerprogramm –, doch diese Praktiken wurden in den letzten Jahren stark eingeschränkt. Denn obwohl viele Ärzte glauben, sie seien immun gegen derlei Verführungen, zeigt sich in der Praxis etwas anderes – Ärzte sind eben auch nur Menschen (siehe Illustration 32 »Tschüss, Schatz …«).

Die Pillenfabrikanten sponsern weiterhin mit ihren Produkten die wissenschaftliche Forschung, was an sich positiv ist, aber eben auch als verdeckte Werbung funktionieren kann: »Im Universitätsklinikum werden unsere Mittel in großem Umfang eingesetzt.« Über das Sponsern von Forschung und Nachschulungen hofft die Industrie zudem die Meinungsbildner (Opinionleader) in der Medizin zu beeinflussen, so dass das entsprechende Arzneimittel von selbst seinen Weg zu anderen Spezialisten und zu den Allgemeinmedizinern findet.

32 »TSCHÜSS, SCHATZ, BIS HEUTE ABEND ... OH, WAS ICH FRAGEN WOLLTE ... SIND WIR JETZT EIGENTLICH SCHON EIN BISSCHEN REICH?«

Wie gesagt, pharmazeutische Industrien sind schon immer kommerzielle Einrichtungen gewesen, aber ihre Strategie ist viel kommerzieller geworden und deutlich stärker auf Kurzfristigkeit ausgelegt, seit gegen Ende der Achtzigerjahre und zu Beginn der Neunzigerjahre die großen Fusionen und Übernahmen begannen.

Vor dieser Zeit konnten Wissenschaftler noch einen Vorschlag beim medizinischen Direktor einreichen, der mit Interesse angehört wurde und für den eventuell Geld bereitgestellt wurde. In letzter Zeit besteht eigentlich nur noch Interesse an Forschungsvorhaben, die sich nützlich auf die Marktposition auswirken. In zunehmendem Maß werden Forschungsarbeiten nach Osteuropa verlagert, wo die medizinisch-ethischen Prozeduren weniger hinderlich sind. Und man richtet sich stärker auf die Ausweitung der Anwendungsgebiete bestehender Produkte aus und weniger auf die Neuentwicklung von Medikamenten. Heutzutage ist das Budget für Marketing wesentlich größer als das für Forschung.

Die verschiedenen Arten von Antidepressiva

Zurück zu den Antidepressiva. Eines der ersten registrierten Mittel war also Imipramin und daraus wurden etwa zehn Varianten entwickelt, darunter das häufig verordnete Clomipramin (Anafranil®) und Amitryptilin (Saroten®). Diese Mittel werden unter dem Begriff trizyklische Antidepressiva zusammengefasst. Sie beeinflussen die Kommunikation zwischen Nervenzellen im Gehirn. Nervenzellen kommunizieren trotz der Tatsache, dass sie sich knapp nicht berühren – es befindet sich ein mikroskopisch kleiner Raum dazwischen. Die Kommunikation verläuft über sogenannte Neurotransmitter. Neurotransmitter werden von einer Zelle ausgeschieden, von der anderen aufgenommen und der Überschuss wird daraufhin wieder von der ersten Zelle aufgenommen. Antidepressiva blockieren die Wiederaufnahme des Überschusses durch die erste Zelle, was zur Folge hat, dass die Neurotransmitter länger ihre Wirkung auf die zweite Zelle ausüben. Im Fall der trizyklischen Antidepressiva geht es dabei vor allem um die Neurotransmitter Serotonin und Noradrenalin.

Trizyklische Antidepressiva sind bei Depressionen wirksam, helfen aber auch bei manchen Angststörungen und manchmal bei Schmerzen. Im Schnitt haben zwei von drei Patienten mit Depression einen Nutzen durch diese Mittel gegenüber einem von drei Patienten, die ein Placebo verordnet bekommen. Nutzen haben ist hier nicht gleichbedeutend mit Genesung – in den meisten Studien bedeutet dies, dass die Trefferquote auf einer Depressionsskala um mindestens 50 % abnimmt und dass für eine Person die offiziellen Kriterien für eine Depression nicht mehr zutreffen. In vielen Fällen sind Restphänomene der Depression vorhanden.

Der Placebo-Effekt ist demnach auch beachtlich. Es kommt sogar regelmäßig vor, dass in Studien kaum oder gar kein Unterschied zwischen dem Antidepressivum und dem Placebo gefunden wird. Die oben genannten Effekte sind Durchschnittswerte. Manche Wissenschaftler haben berechnet, dass die Unterschiede in der Wirksamkeit noch geringfügiger sein sollen und dass sich nur etwa die Hälfte der Patienten durch ein Antidepressivum verbessert. 2008 gab es, nach dem Erscheinen eines Artikels, in dem eine große Anzahl an Studien zusammengefasst wurde, weltweit viel negative Schlagzeilen über Antidepressiva. Dem Artikel war zu entnehmen, dass die Wirksamkeit der Antidepressiva geringer war als angenommen, weil ein Teil der Studien nie in der Fachliteratur veröffentlicht worden war. Dennoch gab es immer noch einen Unterschied zwischen der Wirksamkeit von Antidepressiva und der eines Placebos – in der Flut der Veröffentlichungen ist diese Schlussfolgerung etwas untergegangen. Manchmal ist die Besserung durch ein Placebo nur Schein. Eine Arzneimitteluntersuchung geht meist nur über einen kurzen Zeitraum – etwa sechs bis zwölf Wochen – und es gibt Hinweise dafür, dass die Wirksamkeit eines Placebos im Schnitt kürzer anhält als die Wirksamkeit eines Antidepressivums.

Die Tatsache, dass sich bei jemandem die Symptome durch ein Placebo bessern, lässt nicht den Schluss zu, dass dessen Depression nicht »echt« war. Manchmal geht es um Zufall und das Medikament wird genau zu dem Zeitpunkt gegeben, an dem aufgrund des natürlichen Verlaufs die Depression ohnehin abklingen würde. Die meisten Depressionen dauern in etwa drei bis neun Monate. Das ist kaum länger, als es braucht, um es in das Wartezimmer eines Psychiaters zu schaffen. Und das nicht nur, weil es dort eine Warteliste geben kann, sondern weil die Depression gar nicht als solche erkannt wurde oder weil die betreffenden Menschen sich manchmal schämen, um in einer solch erbärmlichen Lage um Hilfe zu bitten (siehe Illustration 33 »Abgemacht ...«). Das tun sie erst dann, wenn es wirklich nicht mehr anders geht oder wenn sie gerade wieder auf dem Weg sind, die Kontrolle über ihr Leben einigermaßen zurückzugewinnen.

Ein Placebo kann auch in anderer Hinsicht eine günstige Wirkung haben. Die Entscheidung, sich in Behandlung zu begeben und tatsächlich ein Medikament zu sich zu nehmen, kreiert eine positive Erwartung, wodurch manche Menschen ein wenig aktiver werden und sich wieder etwas mehr zutrauen, beispielsweise sich wieder mehr unter Menschen begeben. Das kann für jemanden genau der entscheidende Impuls sein, den er gebraucht hat und der nun ganz allmählich eine positive Veränderung in Gang setzt. Ein Medikament zu sich zu nehmen hat somit eine günstige psychologische Wirkung, die schließlich zur Symptombesserung führt. Die Kehrseite der Medaille ist, dass man sich die Vorstellung zu eigen machen kann, dass die Besserung den Pillen zu verdanken ist, was beim Absetzen der Medikamente wiederum eine negative Erwartung wecken und ein erhöhtes Risiko auf einen Rückfall ergeben kann.

Trizyklische Antidepressiva haben einige Nachteile. Zu den Nebenwirkungen gehören das Gefühl der Benommenheit, Schwindel, ein trockener Mund und Verstopfung, manchmal auch Herzrasen und gesteigerte Angst. Das Problematische dabei ist, dass die antidepressive Wirkung meist einige Wochen auf sich warten lässt, während die Neben-

33 »ABGEMACHT. SOBALD ES HIER IN DER FIRMA EIN BISSCHEN BESSER LÄUFT, SCHALTEN WIR EIN ORGANISATIONSBÜRO EIN.«

wirkungen schon ab dem ersten Tag auftreten können. Manche Nebenwirkungen sind von vorübergehender Art – zum Beispiel die zugenommene Angst –, so dass ein Arzt dem Patienten durch diese erste Phase hindurch helfen kann, indem er ihm vorübergehend auch ein Beruhigungsmittel gibt. Andere Nebenwirkungen können auch bei langfristigem Gebrauch von Antidepressiva immer wieder auftreten (siehe Illustration 34 »Ach Kind …«).

Ein weiterer Nachteil besteht darin, dass die Betroffenen manchmal schon aktiver werden, noch bevor sich ihre Stimmung aufhellt, und das kann bei Personen mit Selbstmordneigungen gefährlich werden. Außerdem ist es so, dass sich trizyklische Antidepressiva weniger gut für Menschen mit Herzproblemen eignen und in Überdosierung fatal sein können – also auch gefährlich für Menschen mit suizidalen Neigungen. Antidepressiva machen aber nicht abhängig in dem Sinn, wie Alkohol und Schlaf- und Beruhigungsmittel das tun. Man braucht davon also nicht stets höhere Dosierungen und es entsteht auch keine Sucht auf das Mittel. Es kann aber trotzdem schwierig sein, wieder davon loszukommen, Entzugserscheinungen können durchaus auftreten. Das zeigt sich vor allem nach langem Gebrauch, der Körper hat sich dann gewissermaßen an die Wirkungen des Mittels angepasst und wenn das Mittel abgesetzt wird, werden diese Wirkungen vermisst. Die Folgen – unter anderem Übelkeit, Zittern, Schlaflosigkeit – lassen sich durch ein langsames Ausschleichen in den Griff bekommen.

Einen weiteren Typ von Antidepressiva bilden die Monoaminooxidase-Hemmer, kurz MAO-Hemmer. MAO ist ein Enzym, das in einer Nervenzelle Neurotransmitter wie Noradrenalin abbaut. Die Neurotransmitter werden in den Nervenzellen gebildet, abgeschieden und der Überschuss wird entweder abgebaut oder wieder aufgenommen. MAO-Hemmer blockieren die Wirkung des Enzyms MAO, wodurch der Neurotransmitter nicht abgebaut wird und länger wirksam ist. Auch diese Mittel sind seit mehr als 50 Jahren auf dem Markt und wurden durch Zu-

34 »ACH KIND, ICH KANN SCHON SEIT FÜNFZEHN JAHREN NICHT MEHR AUFS KLO.«

fall entdeckt. Sie wurden anfangs häufig, später aber, als sich zeigte, dass es zu unerwünschten Wechselwirkungen mit manchen Lebensmitteln wie gut gereiftem Käse kam, weniger eingesetzt. Moderne Versionen der Mittel zeigen diese Nebenwirkung nicht mehr. Sie scheinen vor allem bei der sogenannten atypischen Depression wirksam zu sein. Das ist eine Form der Depression, die mit größerem Schlafbedürfnis und Appetit einhergeht statt des sonst typischen verminderten Schlafbedürfnisses und geringeren Appetits.

Der bekannteste und am meisten eingesetzte Typ von Antidepressiva sind die selektiven Serotonin-Wiederaufnahmehemmer, im Englischen als SSRI abgekürzt, die, wie der Name schon sagt, fast ausschließlich auf den Neurotransmitter Serotonin einwirken. Diese Mittel sind jüngeren Datums als die trizyklischen Antidepressiva und die MAO-Hemmer. Die ersten aus dieser Klasse, Fluoxetin und Fluvoxamin, kamen Ende der Achtzigerjahre unter den Handelsnamen Fluctin®, Fluxet® (Deutschland), Fluctine® (Schweiz, Österreich) und Prozac® (USA, Großbritannien) auf den Markt.

Inzwischen sind weitere dazugekommen, zum Beispiel Paroxetin (Paroxat®), Sertralin (Zoloft®) und Citalopram (Cipramil®). Neueren Datums sind Mittel, die sowohl das Serotonin- als auch das Noradrenalinsystem beeinflussen, wie Venlafaxin (Trevilor®), Mirtazapin (Remergil®) und Duloxetin (Cymbalta®). Dies ist keine vollständige Übersicht, aber die am häufigsten verwendeten Antidepressiva sind hiermit genannt.

Antidepressiva sind für die Pharmaindustrie enorme Gewinnbringer. Tausende von Menschen nehmen Antidepressiva ein. Sie tun das übrigens nicht nur wegen einer Depression, sondern auch gegen Panikanfälle, soziale Ängste oder Zwangsgedanken, wofür manche Antidepressiva auch zugelassen sind. Und zweifelsohne auch für andere Dinge, denn ein Teil der Verordnungen von SSRI stammt nicht von Hausärzten oder Psychiatern, sondern von anderen Fachärzten. Sogar Zahnärzte schreiben Rezepte dafür aus. Wofür und für wen sie das wohl tun?

Nebenwirkungen der Antidepressiva in Bezug auf die Sexualität

SSRI sind an sich nicht effektiver als Antidepressiva älterer Art, bei sehr schweren Depressionen sind sie wahrscheinlich sogar etwas weniger effektiv. Sie werden aber im Allgemeinen besser vertragen. Dennoch verursachen sie bei einem erheblichen Teil der Benutzer Nebenwirkungen wie die Zunahme von Angstbeschwerden, Schwindel, Schlafstörungen und Störungen in der Sexualität. Die zugenommene Angst bleibt meistens auf die ersten Behandlungswochen begrenzt, aber andere Nebenwirkungen können lange anhalten, weshalb die Patienten die Medikamente manchmal weniger zuverlässig einnehmen, als sie es eigentlich sollten. Zu den Nebenwirkungen in Bezug auf die Sexualität gehören weniger Lust auf Sex und verzögerter Samenerguss. Vor allem dann, wenn sich die Depression einigermaßen aufgelöst hat, fallen diese Nebenwirkungen stärker ins Gewicht (siehe Illustration 35 »Felix! …«).

Es geht hier also um unangenehme Nebenwirkungen, aber glücklicherweise treten sie bei weitem nicht bei jedem auf und außerdem hat die eine oder andere Nebenwirkung sogar eine positive Kehrseite. Eine der Nebenwirkungen, der verzögerte Samenerguss, wurde inzwischen für Männer, die zu schnell zum Orgasmus kommen, zum positiven Effekt umdeklariert. Manche Männer kommen nun einmal zu schnell zum Orgasmus. Dafür gibt es sogar einen medizinischen Begriff: Ejaculatio praecox. Die Tatsache, dass es einen medizinischen Begriff dafür gibt, sagt aber keineswegs aus, dass jeder Mann dies als Problem erlebt (siehe Illustration 36 »So! Das war kurz …«).

Viele Männer sehen darin aber durchaus ein Problem, ansonsten wäre da noch das Problem für die Partnerinnen. Clevere Psychiater haben die Nebenwirkung also zur Wirkung umdeklariert und inzwischen weiß man aus einer Studie, dass die tägliche Einnahme eines SSRI an zehn aufeinanderfolgenden Tagen zur Verlängerung der »intravaginalen Ejakulationslatenzzeit« führt. Persönliche Rekorde werden von durchschnittlich 15 Sekunden auf durchschnittlich 119 Sekunden gebracht. Das muss man

35 »FELIX! DU VERGISST DEINE PILLEN!«

36 »SO! DAS WAR KURZ, ABER HEFTIG!«

mit Sportdoping erst noch schaffen! Knappe zwei Minuten Vorteil, gemessen mit einer Stoppuhr. Mit einer Stoppuhr? Tja, wir Menschen sind schlecht darin, die Zeit zu schätzen, deshalb kann man hier nicht im Nachhinein mit Schätzen arbeiten. Die Zeitmessung obliegt der Partnerin, die gebeten wird, mit der Stoppuhr in der Hand und dem Notizblock auf dem Nachtkästchen die Wirkungen der Pillen abzuwarten – man fragt sich, welche psychologische Auswirkung das nach sich zieht. Auch im nicht mehr so viktorianischen England hat man sich das gefragt und noch unveröffentlichte Daten zeigen, dass SSRI die Ejakulation auch dann verzögern, wenn Probanden in einem Laborversuch den Auftrag bekommen, sich – während sie sich Pornofilme ansehen –, so schnell wie möglich zum Orgasmus zu masturbieren. Aus Gründen der Privacy melden die Probanden den Erfolg ihrer Mission mittels Knopfdruck. Ein um den Penis herum angebrachter Druckmesser sorgt allerdings für eine ziemlich zuverlässige Kontrolle der Leistung. Somit: alles harte Wissenschaft.

Antidepressiva und Suizid

Antidepressiva beugen Suiziden vor, das kann man im Großen und Ganzen ruhig so behaupten. Allein die Tatsache, dass es Menschen gibt, die durch Antidepressiva aus ihrer Depression herausgeholt werden, rettet Leben. Dennoch wird über die serotonergen Antidepressiva, die SSRI, in letzter Zeit wegen der Vermutung, dass sie in manchen Fällen einen Suizid verursacht haben sollen, eine kritische Diskussion geführt. Diese Vermutung gibt es bereits seit der Einführung des ersten SSRI, Prozac, in den Vereinigten Staaten Ende der Achtzigerjahre des letzten Jahrhunderts. Erst kürzlich hat diese Frage aufgrund von Hinweisen, dass diese Mittel vor allem bei Kindern und Jugendlichen gefährlich sein sollen, wieder intensive Aufmerksamkeit in den Medien erhalten. 2005 erschien im nationalen Fernsehen ein gequält wirkender Hochschullehrer für Kinderpsychiatrie, der dem Volk mitteilte, dass er sich von der Pharmaindustrie hinters Licht geführt fühle. Zehn Jahre zuvor war er froh gewesen, endlich etwas für depressive Kinder tun zu können, und jetzt zeige sich plötzlich, dass die Mittel nicht wirkten, dass Studien, die dies belegten, und, schlimmer noch, Studien, die aufzeigten, dass Kinder durch die Mittel suizidal werden können, unter Verschluss gehalten wurden. Schwerwiegende Vorwürfe. Aber auch irgendwie seltsam. War es denn in den letzten zehn Jahren niemandem aufgefallen, dass die Mittel ineffektiv und gefährlich sind?

Was ist nun wahr? Können Antidepressiva bei Erwachsenen oder bei Kindern einen Selbstmord verursachen?

Zunächst einmal gibt es das Phänomen, das weiter oben schon einmal angesprochen wurde, dass nämlich die therapeutische Wirkung eines entsprechenden Medikaments oft wochenlang auf sich warten lässt. In der Zwischenzeit kann es passieren, dass ein Patient schon wieder aktiver wird, und zwar noch bevor sich seine Stimmung aufgehellt hat. Im Fall eines stark suizidalen Patienten, der zu depressiv und zu antriebslos ist, um seine Gedanken in die Tat umzusetzen, kann ein Antidepressivum den Motor gerade so weit auf Touren bringen, dass die fatalen Handlungen verrichtet werden können. Jeder Arzt achtet auf dieses Phänomen und wird bei drohender Suizidalität eine Einschätzung vornehmen, ob mit dem Patienten Absprachen getroffen werden können oder ob und wie gut der Patient von Angehörigen im Auge behalten werden kann oder ob es besser wäre, ihn stationär einweisen zu lassen, bis die Suizidalität abnimmt. Wenn es dann aber unerwartet doch schief geht, haben nicht die Medikamente die Suizidalität verursacht – denn diese war bereits vorhanden –, sondern sie haben den Patienten zu früh aktiviert.

Ein weiteres Phänomen ist unter der Bezeichnung »paradoxer Effekt« bekannt. Paradoxer Effekt heißt, dass ein Mittel das Leiden verschlimmert, anstatt es zu lindern. Es ist nichts Ungewöhnliches, dass zu Beginn einer medikamentösen Behandlung von Depression unerwünschte Effekte entstehen wie verstärkte Angst, ein gehetztes Gefühl und hohe Reizbarkeit. Diese Effekte sind von vorübergehender Art, doch für viele Menschen, die sie spüren, sind sie Grund genug, das Medikament abzusetzen. Es kommt hin und wieder vor, dass nicht sofort erkennbar ist, ob man es mit einer Nebenwirkung, der einsetzenden Wirkung oder einem paradoxen Effekt zu tun hat (siehe Illustration 37 »Sorry. Ich heule …«).

Bei einer geringen Zahl von Patienten sind diese Nebenwirkungen sehr ausgeprägt und gehen mit einem tiefen Gefühl der Aggression in Bezug auf andere und sich selbst, Suizidneigung inklusive, einher. Wie oft das genau geschieht, ist leider nicht bekannt. Die ersten Berichte über suizidale Neigungen bei SSRI stammen aus der Periode kurz nach der Einführung von Prozac in den USA, Ende der Achtzigerjahre. 1990 erschien ein beunruhigender Artikel, in dem sechs Patienten beschrieben wurden, die intensive, gewalttätige, suizidale Neigungen kurz nach Behandlungsbeginn mit Prozac bekamen. Nach Beendigung der Medikation waren diese Neigungen noch drei Tage bis maximal drei Monate lang vorhanden.

In wesentlich umfangreicheren, systematischen Folgeuntersuchungen hat man dagegen keinen Zusammenhang zwischen Prozac und erhöhter Suizidalität nachweisen können. Wo kamen diese Geschichten dann bloß her? Zu einem Teil gehen sie auf das Konto eines umstrittenen amerikanischen Arztes, Peter Breggin, der seit vielen Jahren in den Kampf gegen die von ihm selbst so bezeichnete Dehumanisierung der Psychiatrie zieht. Weiter ist eine wahrscheinliche Erklärung die, dass bei der Einführung einer neuer Therapie relativ viele problematische oder schwer zu behandelnde Patienten die Therapie ausprobieren. Wenn jemand mit seiner jetzigen Therapie zufrieden ist, wird er nicht so schnell das Risiko eingehen und etwas anderes ausprobieren.

2000 erschien ein Artikel von David Healy, einem irischen Psychiater in Wales, durch den die Diskussion erneut aufflammte. Es ging um eine Studie mit zwanzig gesunden freiwilligen Probanden, die Sertralin (Zoloft®, ein SSRI) schluckten und davor oder danach auch Reboxetin (ein

37 »SORRY. ICH HEULE MICH DUMM UND DÄMLICH, SEIT ICH DIE ANTIDEPRESSIVA SCHLUCKE.«

neues, andersartiges Antidepressivum). Die Versuchspersonen wussten nicht, wann sie welches Mittel bekamen. Zwei der zwanzig Versuchspersonen sollen auf Sertralin suizidal geworden sein. Seitdem ist der Teufel los. Healy ist der Meinung, dass der Zusammenhang zwischen Suizidalität und SSRI wahrscheinlich ist und rügt die Pharmaindustrie, die ihm zufolge alles daran setzt, um diese Tatsache zu verschleiern. Es gibt allerdings viel Kritik an seiner Freiwilligen-Studie: So ist das Ziel der Studie unklar, denn zwanzig Versuchspersonen sind viel zu wenig, um die Unterschiede zwischen zwei wirksamen Mitteln aufzeigen zu können. Die Versuchspersonen waren Mitarbeiter in Healys Krankenhaus oder Leute aus seinem Bekanntenkreis, ihnen war Healys Sichtweise auf die SSRI bekannt und das hätte ihre Erwartung gefärbt haben können. Kritiker weisen auch auf Healys finanzielle Verbindung mit dem Reboxetin-Hersteller hin, was ausreichend Beweggründe liefern könnte, die SSRI in ein schlechtes Licht zu stellen. Im Jahr 2000 wurde das Angebot für einen Lehrstuhl an Healy an einer Universität in Toronto zurückgezogen, nachdem er eine kritische Lesung über SSRI gehalten hatte. Es kann schon ziemlich hart zugehen – oder wie der Psychologe Steven Pinker es einmal ausdrückte: *behavioral science is not for sissies.*

2003 sprachen die Behörden in den Vereinigten Staaten, Kanada und England eine Warnung bezüglich des Gebrauchs von SSRI bei Kindern aus. Aus der Diskussion und der näheren Analyse einer im Jahr 2001 veröffentlichten Studie mit Kindern und dem Mittel Paroxetin (Paroxat®) ging hervor, dass es mehr Fälle von Suizidalität gab als bei Placebos – und abgesehen davon stellte sich heraus, dass Paroxetin nicht einmal effektiver war als die Placebos. Dieselben Ergebnisse erhielt man später bei einem anderen Mittel, Venlafaxin (Trevilor®). Bei diesen Studien hat niemand Selbstmord begangen, es ging um eine Zunahme der suizidalen Gedanken, die in der behandelten Gruppe bei etwas mehr Patienten vorkam (2 %) als in der Placebo-Gruppe (0 %). Das hat also 2003 und 2004 zu den offiziellen Warnungen amerikanischer und europäischer Behörden vor dem Gebrauch von SSRI bei Kindern geführt, wobei manchmal Prozac von der Warnung ausgenommen wurde. Im Juli 2005 kam es in den USA auch zu einer Warnung vor dem Gebrauch von SSRI bei Erwachsenen.

Inzwischen steht die Psychiatrie zum großen Teil Kopf. Manche finden, dass die Warnungen nicht weit genug gehen, andere finden die Warnungen stark übertrieben und lebensgefährlich – sie würden dazu führen können, dass den Patienten eine effektive Behandlung vorenthalten wird. In der Tat sind die Verschreibungen von SSRI bei Kindern stark zurückgegangen, was auf einen Trendwechsel hinweist.

Zudem ist große Aufregung entstanden wegen der Vorgehensweise der Pharmaindustrie, wegen des Funktionierens der offiziellen Arzneimittel-Aufsichtsbehörden sowie wegen der Interessensverflechtungen von Pharmaindustrie und akademischen Forschern und den Redakteuren medizinischer Zeitschriften.

Der Industrie wird vorgeworfen, dass sie unvorteilhafte Ergebnisse – fehlende Wirkung der Antidepressiva bei Kindern – bewusst zurückgehalten hat, um ihrer Marktposition nicht zu schaden. Zufällig ereignet sich zum gleichen Zeitpunkt eine vergleichbare Affäre mit einem wirtschaftlich sehr erfolgreichen Schmerzmittel, das wenige Jahre nach der Markteinführung wegen kardialer Nebenwirkungen vom Markt genommen werden musste. Auch in diesem Fall soll der betroffene Hersteller mit der Bekanntgabe der Probleme gezögert haben. Die Aufsichtsbehörden stehen unter Druck, weil sich gezeigt hat, dass offenbar einige ihrer Mitglieder finanzielle Verbindungen zur Pharmaindustrie, die sie beaufsichtigen sollen, haben. Dasselbe gilt für Redakteure von medizinischen Zeitschriften.

Inzwischen hat sich eine starke Bewegung formiert, die diesen unerwünschten Verflechtungen ein Ende bereiten soll. Zusätzlich sind Gesetze und Regelungen in Vorbereitung, die dafür sorgen sollen, dass die Pharmaindustrie keine Daten mehr zurückhält. Bislang konnten die Firmen das legal bei allen Mitteln tun, für die sie keine offizielle Zulassung anstrebten. Ein bereits für Erwachsene zugelassenes Antidepressivum kann deshalb ohne Risiko an Kindern getestet werden, solange dafür keine extra Zulassung angefragt wird. Selbstverständlich können solche Praktiken nicht ohne Akademiker existieren, die dafür aus Naivität oder Zynismus ihre Mitarbeit anbieten.

Derzeit kann man sagen, dass es wohl noch dauern wird, bis sich der aufgewirbelte Staub um diese Fragen wieder gelegt haben wird. Übrigens sollten diejenigen, die routinemäßig SSRI bei depressiven Kindern verordnet haben, sich noch einmal hinter den Ohren kratzen. Die Hinweise, dass diese Mittel bei Kindern Effekt haben, sind nie mehr als minimal gewesen und noch dazu nur in Bezug auf ein einziges dieser Mittel. Aber wahrscheinlich sind sie nicht oder kaum routinemäßig zum Einsatz gekommen; die Zahl der Verordnungen lag in jedem Fall um den Faktor 50 niedriger als in den USA, wo diese Medikamente sogar Kindern unter vier Jahren verschrieben wurden. Es ist zu hoffen, dass diese Exzesse nicht der enormen Macht der Versicherer in den USA zuzuschreiben sind, denn hier wird sich deren Macht auch noch stark ausweiten.

Die Frage, ob SSRI Suizide verursachen können oder nicht, müsste doch, so möchte man meinen, leicht zu beantworten sein. Die Mittel, um die es geht, werden jetzt schon seit fünfzehn Jahren in immer größerem Umfang verschrieben. Was sagen also die Daten?

Nun, es gibt viele Arten von Daten. Zunächst einmal sind da die subjektiven Erfahrungen der Patienten, die die Medikamente schlucken. Paradoxe Effekte sind selten, aber dennoch wurde in so großer Zahl davon berichtet, dass man sie unmöglich nicht ernst nehmen kann. Gewiss stellen die Personen, die diese Mittel einnehmen, eine verletzliche Gruppe dar, man bekommt so ein Mittel, weil man depressiv oder ängstlich ist. Die paradoxen Effekte werden allerdings auch von Personen berichtet, die vorher nie unter derart starken suizidalen Neigungen gelitten hatten, und leider gibt es auch Beispiele von Menschen, die – für ihre Umgebung völlig unerwartet – einen erfolgreichen Suizid begangen haben. Das Letzte kann aber auch bei Menschen passieren, die nie eine Tablette geschluckt haben.

Dann sind da die epidemiologischen Daten: Gibt es, seit die SSRI in immer größerem Umfang verschrieben werden, eine Zu- oder eine Abnahme der Suizidfälle? Die Angaben dazu sind nicht ganz eindeutig, aber die meisten Untersuchungen zeigen einen abnehmenden Trend. In Australien und in Schweden hat man seit der Einführung der SSRI einen Rückgang der Suizidfälle verzeichnet, in Italien zeigte sich kein Unterschied. In den USA wurde, je nachdem, ob in einem Gebiet mehr SSRI verschrieben wurden, ein entsprechender Rückgang der Suizidfälle registriert.

Zu der Tatsache, dass diese Art von Daten nicht eindeutig ist, kommt die Schwierigkeit hinzu, die Daten zu interpretieren: Ein Rückgang der Suizidfälle kann bedeuten, dass mehr Menschen eine effektive Behandlung erhalten haben oder dass weniger Menschen die trizyklischen Mittel bekommen, die in Überdosis fatal sind. Es kann aber auch gar nichts mit den Medikamenten zu tun haben. Außerdem schließt ein positiver Effekt der Pillen nicht aus, dass für eine kleine Gruppe von Patienten doch ein negativer Effekt gilt.

Schließlich gibt es noch die Daten aus der systematischen Forschung, die sogenannten Trials. Die Zahl der Studien ist gigantisch und die Variationen bei den Patienten, Dosierungen und den Studiendesigns sind groß. Es ist eine besondere Spezialisierung, derart viele verschiedene Studien auf eine vertretbare Weise miteinander zu vergleichen. Das maßgebliche *British Medical Journal* veröffentlichte im Februar 2005 einen Artikel, in dem die Ergebnisse von 345 Trials mit insgesamt 36 445 Patienten bewertet wurden. In den Trials mit depressiven Patienten kam bei circa 5 von 1000 Patienten (0,5 %) ein Suizidversuch vor. Bei denjenigen, die mit einem SSRI behandelt wurden, war das Risiko ungefähr zweimal höher als bei den Personen in der Placebo-Gruppe. Das Risiko eines Suizidversuchs lag allerdings bei der Behandlung mit SSRI nicht höher als bei der Behandlung mit trizyklischen Antidepressiva.

Auch gab es kein erhöhtes Risiko für erfolgreiche Suizide bei einer Behandlung mit SSRI im Vergleich zu einer Behandlung mit trizyklischen Antidepressiva oder im Vergleich zu Placebos.

Zu guter Letzt wurden auch in Amerika und bei uns groß angelegte erneute Analysen von Trials mit Antidepressiva durchgeführt. Diese Studien gelangten zu der Schlussfolgerung, dass es in Bezug auf Suizidversuche keinen Unterschied gab zwischen den Patienten, die mit einem SSRI oder mit einem Placebo behandelt wurden.

Wie komme ich dann dazu, mit so viel Überzeugung zu behaupten, dass Antidepressiva Leben retten, wie ich das weiter oben gemacht habe? Die Trials zeigen doch keinerlei Unterschied in der Suizidalität von Menschen, die mit einem Antidepressivum oder einem Placebo behandelt wurden. Vielleicht ist Ihnen aufgefallen, dass Suizidversuche in den Trials sehr selten vorkommen, weiter oben steht ein Anteil von 0,5%. Der Grund dafür ist, dass Menschen, die an einer Studie teilnehmen, besonders gut im Auge behalten werden, und vor allem auch, dass Patienten mit einem hohen Suizidrisiko von der Teilnahme an Trials ausgeschlossen werden. Es wird als unethisch (ethisch unkorrekt) betrachtet, sie der Gefahr auszusetzen, ein Placebo zu bekommen. Untersuchungen zum Effekt einer Behandlung auf die Suizidalität sind aus diesem Grund selten. Es gibt eine niederländische Studie, die den Effekt von Paroxetin (einem SSRI) auf das suizidale Verhalten von Patienten mit einer Borderline-Persönlichkeitsstörung untersucht. Diese Patienten haben ein hohes Risiko für Selbstmordversuche. Das Ergebnis der Studie war ein positiver Effekt von Paroxetin auf die Zahl der Selbstmordversuche bei Patienten, die in der Vergangenheit bereits viele Versuche unternommen hatten – übrigens ohne dass Paroxetin eine Wirkung auf die Stimmung gezeigt hatte. Diese Art von Studien müssten öfter gemacht werden, sie sind aber in der Ausführung sehr schwierig.

In einem Editorial im *British Medical Journal* aus Anlass des oben erwähnten Artikels über die 345 Trials wurde gefolgert, dass es für Ärzte keinen Grund gebe, den Menschen Antidepressiva vorzuenthalten, dass sie aber auf die negativen Wirkungen zu Beginn der Behandlung bedacht sein müssen. Den Patienten muss davon abgeraten werden, die Mittel abrupt abzusetzen. Weiter bestehen bleibt der Rat, dass SSRI nicht Kindern verschrieben werden sollen. Mit aller Deutlichkeit sei noch einmal gesagt: In den beanstandeten Studien mit SSRI bei Kindern hat sich kein einziger Suizidfall ereignet. Der positive Effekt (Reduktion von Suizidgedanken bei Kindern, die diese schon zu Beginn der Studie hatten) war dagegen sehr deutlich messbar. Insgesamt umfasst diese Untersuchung jetzt an die 400 Patientenjahre mit diesen Mitteln.

Auch diejenigen, die jetzt Sturm laufen gegen die Anwendung von SSRI, sollten sich das noch einmal überlegen. Denn, was sind die Folgen und welche Alternative gibt es? Eine Folge könnte sein, dass Patienten zu früh aufhören, die Mittel zu nehmen, denn selbst, wenn sie das nicht abrupt tun, gehen sie ein höheres Risiko ein. Welche Alternative gibt es? Psychotherapie ist oft eine ausgezeichnete Alternative, aber dann nur die kognitive Verhaltenstherapie. Das ist eine spezialisierte Behandlungsform, die eine Zusatzausbildung erfordert und nicht unbegrenzt zur Verfügung steht. Verwässerte Versionen – ein paar Sitzungen beim Hausarzt zum Beispiel – sind nicht besser als ein Placebo. Und, Psychotherapie ist auch nicht ganz ohne Nebenwirkungen. Wenn viel mehr Menschen die älteren trizyklischen Antidepressiva verschrieben bekommen – mit ihrem ungünstigeren Nebenwirkungsprofil, den kardialen Risiken und der Toxizität bei Überdosierung – könnte das ein Risiko in sich tragen. In der weiter zurückliegenden Vergangenheit hat sich schon einmal gezeigt, dass die Zahl der Verschreibungen der äußerst abhängigmachenden Barbiturate nach negativer Medienberichterstattung über Benzodiazepine gestiegen ist. Das letzte Wort hierüber ist wirklich noch nicht gesprochen.

7. Was hilft wirklich?

Wie wir an anderen Stellen in diesem Buch bereits festgestellt haben, ist das Krankheitsbild der Depression äußerst heterogen. Depression kann sehr unterschiedliche Formen annehmen und sie kann unterschiedliche Ursachen haben. So mag es einem selbstverständlich erscheinen, dass die Behandlung der Depression nach Art und Ursache variiert. Das ist aber nur bedingt richtig.

Richtlinien

Verschiedene Instanzen im In- und Ausland – Fachverbände der Psychiater und der Hausärzte – veröffentlichen Richtlinien für die Behandlung von Depressionen. Die wichtigste Unterscheidung, die in diesen Richtlinien gemacht wird, ist die zwischen leichter, mittelschwerer und schwerer Depression. Die für diese Schweregrade empfohlenen Therapien sind – in dieser Reihenfolge – kognitive Verhaltenstherapie (KVT), KVT oder ein Antidepressivum (meistens zuerst ein SSRI) beziehungsweise die Kombination KVT plus ein Antidepressivum. Es geht hier um Richtlinien, was bedeutet, dass es im Einzelfall Gründe geben könnte, davon abzuweichen.

Selbstverständlich wird bei der Wahl der Behandlung die Vorliebe des Patienten mit berücksichtigt und letztlich steht es jedem Patienten frei, eine bestimmte Behandlung zu wollen oder nicht zu wollen. Trotzdem ist eine Empfehlung konform der Richtlinien meistens eine gute Wahl (siehe Illustration 38 »Ach bäh! …«). Die Richtlinien sind komplizierter als in der hier gezeigten Zusammenfassung. Sie basieren größtenteils auf den

38 »ACH BÄH! ... DAS HAT MEIN VORHERIGER PSYCHIATER AUCH SCHON GESAGT.«

Ergebnissen systematischer Studien *(Trials)*, so dass mehr oder weniger offen bleibt, was die rationalsten Entscheidungen im Fall von Menschen wären, die nicht in Betracht für Trials kämen, wie Patienten mit komplizierten Problematiken (beispielsweise Depression und Suchterkrankung). Auch für spezifische Zielgruppen (beispielsweise Menschen mit Migrationshintergrund, ältere Menschen, Kinder) kann die Information sehr begrenzt sein.

Für manche Depressionstypen gibt es Hinweise darauf, dass mit einer bestimmten Therapie bessere Ergebnisse erzielt werden.

So gibt es beispielsweise für die saisonal bedingte Depression die Lichttherapie, für atypische Depressionen gibt es Hinweise, dass MAO-Hemmer gut helfen, und schwere Depressionen sprechen etwas besser auf trizyklische Antidepressiva an.

Die Elektrokonvulsionstherapie (EKT) wirkt schnell und ist effektiv bei sehr schweren Depressionen, hat aber zum Nachteil, dass Gedächtnisprobleme auftreten können.

Eine Differenzierung nach vermuteten Ursachen liefert für die therapeutische Arbeit fast keine Anhaltspunkte. Früher dachte man, dass Depressionen, die eindeutig als Reaktion auf viel Stress oder ärgerliche Ereignisse aufgetreten sind (»psychogene« Depressionen), am besten mit Psychotherapie zu behandeln seien, wohingegen Depressionen, die »einfach so« entstanden zu sein scheinen (»endogene« Depressionen), medikamentös behandelt werden sollten. Wissenschaftliche Studien haben aber ergeben, dass im Schnitt die sogenannten psychogenen und endogenen Depressionen gleich gut auf eine medikamentöse Behandlung reagieren, so dass diese Unterscheidung fallengelassen wurde. Wie in Kapitel 2 bereits besprochen, treten die ersten Depressionen oft aufgrund von einschneidenden Geschehnissen auf, bei wiederkehrenden Depressionen ist die Schwelle niedriger; ein Beleg dafür, dass die Unterscheidung in psychogen und endogen eine künstliche ist.

Detaillierte Richtlinien über die Frage, welches Antidepressivum am besten ist, kann man nicht geben. Die diesbezügliche Entscheidung müssen Sie Ihrem Arzt überlassen, der sich an der wissenschaftlichen Literatur, den entsprechenden Kriterien Ihrer Depression, Ihren eventuellen früheren Erfahrungen mit Medikamenten und seinen bisherigen Erfahrungen mit verschiedenen Mitteln orientieren wird. Bei unzureichenden Ergebnissen kann auf ein anderes Mittel umgestiegen werden oder eine Kombination von Mitteln ausprobiert werden. Für Sie ist wichtig zu wissen, dass es drei bis acht Wochen dauern kann, bis sich deutlich zeigt, ob ein Antidepressivum anschlägt. Falls das Medikament nicht anschlägt, heißt das aber nicht, dass auch ein anderes Antidepressivum nicht helfen wird. Im Schnitt sprechen 50% bis 70% der Patienten auf das erste Antidepressivum an, der Prozentsatz steigt, wenn die Patienten ein zweites oder drittes Antidepressivum ausprobieren. Aus vielerlei Gründen sehen die Betroffenen allerdings manchmal von einem zweiten Versuch ab. Man sollte auch wissen, dass die Medikamenteneinnahme nicht sofort beendet werden kann, wenn die Depression abklingt. Meistens ist es notwendig, noch ziemlich lange mit den Medikamenten fortzufahren – wie lange genau hängt unter anderem davon ab, wie oft der Patient oder die Patientin bereits eine Depression gehabt hat.

Psychotherapie

Die kognitive Verhaltenstherapie ist die mit Abstand am besten untersuchte psychologische Behandlungsform und die einzige, die beständig in den Richtlinien aufgeführt ist. Das heißt nicht, dass es keine anderen Optionen gäbe. Eine andere strukturierte Form der Psychotherapie nennt sich Interpersönliche Therapie (IPT), für deren Effektivität es ebenfalls Belege gibt. IPT und KVT haben gemeinsam eine strukturierte Arbeitsweise bei einer gleichzeitig überschaubaren Zahl von Sitzungen (meistens zwischen zehn und zwanzig) und die problemorientierte Herangehensweise.

Wenn Sie denken, dass die Ursachen Ihrer Depression in Ihrer Kindheit liegen und wenn Sie in erster Linie das Bedürfnis haben, darüber zu sprechen und diese Erfahrungen zu bearbeiten, denken Sie dann nicht, dass die kognitive Verhaltenstherapie nicht das Richtige für Sie ist. Im Kapitel über den depressiven Realismus wurde ziemlich ausführlich behandelt, was aus Sicht der kognitiven Verhaltenstherapie wichtige Aspekte der Depression sind. Zu einem dieser Aspekte gehören die sogenannten depressiven Schemata, Gedanken in der Art, man sei ein Versager, wenn nicht alles perfekt läuft, oder man sei nichts wert, wenn man nicht von allen Menschen nett gefunden wird. Diese Schemata fallen nicht einfach so vom Himmel, selbstverständlich ist Ihre Lebensgeschichte von Bedeutung, um zu verstehen, woher die Schemata kommen, und um Einsicht zu gewinnen, wie man sie ändern könnte. In der kognitiven Verhaltenstherapie ist es ebenfalls Thema, wie diese Schemata entstanden sind, aber dann vor allem im Zusammenhang mit einer auf Veränderung ausgerichteten Arbeitsweise, vom bloßen Verstehen verspricht man sich weniger (siehe Illustration 39 »Ich vermisse meine Mutter …«). Die wissenschaftliche Untermauerung der KVT ist ziemlich gut: Im Vergleich zur medikamentösen Behandlung ist die akute Wirksamkeit in etwa gleich gut und auf lange Sicht scheint sie etwas besser als die medikamentöse Therapie vor neuen Depressionen zu schützen. Aber die Behandlung nützt nicht jedem Patienten gleich gut.

Alternativen

Eine Alternative zur medikamentösen Behandlung könnte das in Drogerien erhältliche Johanniskraut (Hypericum) sein. Einige Studien belegen, dass Hypericum bei leichten bis mittelschweren Depressionen wirksam ist und dass es wenig Nebenwirkungen hat. In einer kürzlich durchgeführten Studie hat man herausgefunden, dass Hypericum bei mittelschweren bis schweren Depressionen in etwa ähnlich wirksam war wie das Antidepressivum Paroxetin. Aber bitte Vorsicht, die Tatsache, dass es

39 »ICH VERMISSE MEINE MUTTER NOCH JEDEN TAG!«

im Durchschnitt wenig Nebenwirkungen gibt, und die Tatsache, dass es ohne Arztrezept erhältlich ist, will noch nicht sagen, dass es niemals gefährlich sein kann. Es kann zu Wechselwirkungen zwischen Hypericum und anderen (auch nicht psychiatrischen) Medikamenten kommen. Sie sollten also nicht damit anfangen, ohne vorher Ihren Hausarzt konsultiert zu haben. Ein weiteres Problem mit Hypericum besteht darin, dass die Kontrollen bei diesen Pillen weit weniger streng sind als bei den zugelassenen Arzneimitteln (wobei es Hypericum auch als zugelassenes Arzneimittel in der Apotheke gibt). Deshalb ist oft nicht eindeutig klar, was genau in den Pillen, die in der Drogerie verkauft werden, enthalten ist und welche Menge des wirksamen Stoffes enthalten ist.

Eine gute Alternative zur kognitiven Verhaltenstherapie ist: selbst aktiver werden. Untersuchungen haben gezeigt, dass bei älteren depressiven Menschen körperliche Anstrengung – dreimal pro Woche ein überwachtes Fitnesstraining, bei dem 30 Minuten lang die Herzschlagfrequenz bei über 130 Schlägen pro Minute gehalten wird – eine genauso gute antidepressive Wirkung hat wie das SSRI Sertralin (siehe Illustration 40 »Deine Mutter immer …«).

Körperliche Aktivierung ist ein fester Bestandteil der kognitiven Verhaltenstherapie. Die ersten Sitzungen sind oft notwendig, um den Personen dabei zu helfen, selbst wieder mehr in die Aktivität zu kommen – nicht sosehr in der Bedeutung von Fitnessübungen, sondern in dem Sinn, dass jemand schlicht und ergreifend wieder genügend unter Leute kommt und einfache Aufgaben übernehmen kann.

In einer großangelegten Untersuchung in den 90er-Jahren hat sich gezeigt, wie wichtig dieser Teil der Therapie ist. In dem Versuch, die Bedeutung der kognitiven Techniken zu belegen, erhielt eine Gruppe von Patienten standardmäßig eine kognitive Verhaltenstherapie (das heißt 15 Wochen lang Aktivierung und die Anwendung kognitiver Techniken), eine andere Gruppe von Patienten bekam 15 Wochen lang nur die Aktivierung. Die Forscher sahen sich am Ende enttäuscht: Sowohl auf kurze

40 »DEINE MUTTER IMMER MIT IHREN TRADITIONEN!«

als auch auf lange Sicht schnitten beide Gruppen gleich gut ab. Für die kognitiven Therapeuten war es ein Dämpfer, dass ihre Techniken offensichtlich nicht ausschlaggebend waren. Obwohl, so ganz richtig ist das doch wieder nicht, denn eine Verhaltensänderung bringt auch kognitive Veränderungen in Gang: Diejenigen, denen es über Wochen gelingt, aktiver zu werden, spüren natürlich positive Effekte, was automatisch zur Anpassung der depressiven Gedanken führt. Eine verkappte kognitive Therapie kann auch die Entscheidung für eine bestimmte Art von Aktivität beinhalten, beispielsweise dass jemand wieder Personen aufsucht, denen er oder sie aufgrund von vermeintlichen Konflikten oder vermeintlicher Kritik lange aus dem Weg gegangen ist.

Aktiver werden ist somit immer eine gute Option. Wenn Sie derzeit depressiv sind, wissen Sie allerdings auch beziehungsweise werden Sie merken, wie extrem schwierig es ist, aktiver zu werden. Anfangs spüren Sie vielleicht keinerlei positive Effekte. Oder Sie geraten noch tiefer in das Stimmungsloch, weil Sie nun glasklar vor Augen geführt bekommen, wie wenig Sie zustande bringen. Wenn Sie versuchen, aktiver zu werden, ist es sehr wichtig, dass Sie Ihre Erwartungen Ihrem jetzigen Zustand anpassen. Versuchen Sie mit kleinen Fortschritten zufrieden zu sein oder auch schon mit der Tatsache, dass Sie es versucht haben. Orientieren Sie sich vorläufig nicht an Ihren alten Vorgaben, wie viel Sie Ihrer Meinung nach zu leisten imstande sein sollten. Niemand, der durch körperliche Erkrankung oder durch einen Unfall eine Zeitlang das Krankenbett hüten muss, findet es seltsam oder beschämend, dass er sich langsam erholen muss und sich viel weniger belasten kann, als er von sich gewöhnt war. Ein langsamer Aufbau ist in solchen Fällen die einzige Option und dies gilt auch für Aktivierung bei Depression.

Ein anderer Nebeneffekt von Aktivierung ist, dass Sie mehr unter Menschen kommen und dadurch die Chance haben, angenehme Erfahrungen zu machen oder Mut gemacht zu bekommen. Unterstützung könnten Sie auch aus den Erfahrungen von Leidensgenossen ziehen – das gilt aber nicht, wenn Sie momentan eher stark depressiv sind, denn dann ist es wahrscheinlich nur eine zusätzliche Belastung. Aber wenn es wieder etwas besser geht, kann es hilfreich sein, von den Erfahrungen anderer zu hören oder zu lesen. Dafür gibt es sogar einen Ausdruck: Bibliotherapie, das heißt Bücher lesen als Therapie auf Arztrezept (siehe Illustration 41 »Eine Lesebrille? …«). Ich habe in diesem Buch einige Zitate aus drei meiner Meinung nach sehr guten Büchern aufgenommen: Das erste hat den Titel: *Klein leed*[4] und stammt von Betsy Udink (Meulenhoff, 2001). Es handelt sich dabei um einen gut geschriebenen, persönlichen Bericht über eine Depression und die Therapie dieser Depression. Fast alles, was es über Depression zu wissen gibt, steht in dem Buch *The Noonday Demon* von Andrew Solomon (Touchstone, 2001; auf Deutsch unter dem Titel *Saturns Schatten. Die dunklen Welten der Depression* im S. Fischer Verlag, 2001 erschienen). Dieses Buch enthält viele persönliche Berichte über Depressionen, daneben ist es ein fast enzyklopädisches Werk: Der Autor hat eine große Menge an Wissenswertem und Untersuchungsergebnissen auf verständliche und sehr gut lesbare Art zusammengefasst. Ein wesentlich kürzer gefasstes Buch, ebenfalls eine Kombination aus persönlichem Bericht und wissenschaftlicher Information, stammt von Lewis Wolpert und trägt den Titel »Malignant Sadness« (Faber & Faber, 2001; auf Deutsch: *Anatomie der Schwermut.* Über die Krankheit Depression. C. H. Beck, 2008).

Alternative Alternativen

Nachdem Sie wissen, was in diesem Buch alles über Placebo-Effekte gesagt wurde, dürfte es Sie nicht erstaunen, dass es eine Reihe von alternativen Behandlungen gibt, die den Betroffenen manchmal auch weiterhelfen, die aber dennoch meistens nicht viel besser sind als gut oder weniger

[4] Wörtlich übersetzt »Kleines Leid« oder »Kleiner Kummer«; das Buch ist bisher nicht auf Deutsch erschienen.

41 »EINE LESEBRILLE? ACH, DOKTOR ... WAS LESE ICH DENN SCHON ...«

gut gemeinte Geldmacherei. Der Glaube daran ist allerdings unausrottbar (siehe Illustration 42 »Du hättest auch nicht …«).

Eine Alternative, der sehr wohl starkes wissenschaftliches Interesse entgegengebracht wird, ist eine Form der Meditation, die *mindfullness meditation* (Achtsamkeits-Meditation) genannt wird. An sich ist dies keine Alternative, sondern eher eine Ergänzung zur kognitiven Verhaltenstherapie. Meditation ist nicht geeignet zur Behandlung von Depressionen, kann aber in einer späteren Phase sehr nützlich sein und dazu beitragen, einer Rückkehr der Depression vorzubeugen. Nach dem Ende der kognitiven Therapie folgt für die Patienten acht Wochen lang ein intensiver Meditationskurs, bei dem sie auch zu Hause, täglich 45 Minuten, üben. Aus zwei Studien geht hervor, dass diese Form der Meditation einen günstigen Effekt auf Menschen haben kann, die schon relativ oft depressiv gewesen sind.

Durch die Meditation lernen sie, von noch bestehenden negativen Denkmustern Abstand zu nehmen. Bei Menschen, die noch nicht oft depressiv gewesen sind, funktioniert das nicht.

Nebenwirkungen

Über die Nebenwirkungen der medikamentösen Therapien wurde im vorherigen Kapitel bereits das eine oder andere gesagt. Nicht übersehen werden sollte, dass auch Psychotherapie nicht ganz frei von Nebenwirkungen ist. Die wichtigste ist eine zu große Abhängigkeit vom Therapeuten. Abhängigkeit spielt in jeder Beziehung zwischen Hilfesuchenden und Helfenden eine Rolle, bei Psychotherapie womöglich am meisten. Die Wahrscheinlichkeit, dass das passiert, ist in strukturierten Behandlungen wie der KVT kleiner als in den unstrukturierten Behandlungen wie der Psychoanalyse, in der die Abhängigkeit zielbewusst vergrößert wird. Die Abhängigkeit entsteht dadurch, dass der behandelnde Therapeut die Hoffnung auf Besserung repräsentiert und weil der Patient in den Gesprächen völlig im Mittelpunkt steht. Nicht selten passiert es

42 »DU HÄTTEST AUCH NICHT ZU IRGENDEINEM GEBETSHEILER GEHEN SOLLEN ... DU HÄTTEST ZU EINEM GUTEN GEBETSHEILER GEHEN SOLLEN.«

43 »SIE IST WIEDER VOLL DANEBEN!«

einem Patienten zum ersten Mal, dass ein Mitmensch so viel Interesse an dem zu haben scheint, was genau in ihm vorgeht. Das kann eine sehr angenehme Erfahrung sein und es kann Menschen, die unter Minderwertigkeitsgefühlen leiden, helfen, mehr Selbstvertrauen aufzubauen. Ein Fallstrick ist, dass sie Letzteres gar nicht wirklich tun, sondern vom Input des behandelnden Therapeuten abhängig bleiben. Und zudem, es gehen ja nicht nur unsichere Menschen in eine Behandlung. So ist es beispielsweise auch sehr gut möglich, zu viel oder ein deplatziertes Selbstvertrauen zu haben und deshalb ständig in Konfliktsituationen mit anderen und so letztlich in ein Stimmungstief zu geraten. Bei derartigen Personen kann eine Therapie den Egozentrismus noch ein bisschen verstärken (siehe Illustration 43 »Sie ist wieder voll daneben!«)

8. Was können Sie selbst tun?

Um gleich mit der Tür ins Haus zu fallen, hier das Wichtigste, was Sie selbst tun können, zu Beginn: Bedenken Sie: Es gibt immer Hoffnung.

Brian Wilson, das musikalische Hirn der Gruppe The Beach Boys, war in den Sechzigerjahren dem Druck öffentlicher Auftritte nicht gewachsen. Mitte der Siebzigerjahre war er so depressiv geworden, dass er in zweieinhalb Jahren kaum aus seinem Bett gekommen ist. Im weiteren Leben litt er immer wieder an Depressionen. Allerdings fühlt er sich in den letzten Jahren ganz gut und 2004 und 2005 tourte der inzwischen über Sechzigjährige erfolgreich durch die USA und Europa. Auch wenn Sie, wie übrigens die meisten Menschen, kein außergewöhnliches Talent wie ein Brian Wilson besitzen, Ihre Depression wird eines Tages besser werden, sogar, wenn Sie nicht aktiv etwas dagegen unternehmen. Besser ist es aber, wenn Sie etwas unternehmen, so dass die Depression vielleicht schneller wieder vorbeigeht – es gibt auch ein paar Dinge, die Sie besser nicht machen sollten. Das ist das Thema dieses Kapitels. Wie in den anderen Kapiteln zu lesen war, ist der Übergang zwischen einer normalen Niedergeschlagenheit oder Verstimmung und einer Depression fließend. Die Empfehlungen in diesem Kapitel sind nicht nur dann zutreffend, wenn Sie »wirklich« depressiv sind. Auch wenn es Ihnen recht gut geht, kann es nicht schaden, sich die Ratschläge zu Herzen zu nehmen.

In guter Gesellschaft

Wenn Sie an einer Depression leiden, sind Sie mit Leuten wie Brian Wilson jedenfalls in guter Gesellschaft. Aber es gibt noch mehr Berühmtheiten mit Depressionen: Winston Churchill, Ernest Hemingway, Eric Clapton, Billy Joel, Robert Schumann – *bien étonnés de se trouver ensemble.* Schauen Sie sich doch einmal im Internet um, die Liste der bekannten und berühmten Persönlichkeiten, in deren Leben Depressionen vorkommen oder vorkamen, ist endlos.

Eine solche Liste könnte auch einen romantischen Eindruck über Depressionen erwecken. Die vielen bekannten und kreativen Menschen: Depression als Tribut für den Ruhm. Oder vielleicht nicht einmal so sehr als Folge des Ruhmes, sondern vielmehr als Preis, den kreative Menschen für ihr Talent bezahlen? Soll man Depression dann hätscheln und pflegen? Deutet eine Depression darauf hin, dass man wirklich lebt, oder anders gefragt, sind Menschen ohne Depressionen oberflächliche Charaktere? Die Antwort auf alle diese Fragen ist nein. In den Worten eines bekannten Künstlers, der depressiv war: *»Durch eine chronische Depression bin ich damals fünf Jahre lang weg vom Fenster gewesen. Da kann ich mich jetzt kurz oder lang fassen. Ich entscheide mich für die kurze Fassung: Es war die Hölle. Ich bin da rausgekommen, nachdem ich endlich die richtigen Medikamente gefunden hatte.«*

Professionelle Hilfe in Anspruch zu nehmen, ist manchmal der beste Rat. Depression ist eine Krankheit, für die es wirksame Medikamente gibt. Es gibt verschiedene Arten von Medikamenten. Wenn das erste Medikament nicht greift oder zu viele Nebenwirkungen hat, ist es sehr gut möglich, dass Ihnen das zweite Medikament nützt. Oder das fünfte. Wenn Sie gar keine Medikamente nehmen wollen, kognitive Verhaltenstherapie ist mindestens ebenso effektiv. Was können Sie selbst tun, außer Ihren Arzt die richtigen Medikamente verschreiben zu lassen oder zu einem Psychotherapeuten zu gehen? Hier folgen ein paar Tipps.

1. Stellen Sie weniger hohe Anforderungen an sich selbst

Wenn Sie an Depressionen leiden, sind Sie wahrscheinlich ein Mensch mit perfektionistischem Einschlag oder ein Mensch, der ziemlich hohe

Anforderungen an sich selbst stellt. Das ist an sich noch nicht problematisch, es dürfte in guten Zeiten für Sie sogar ein zusätzlicher Antrieb sein, bestimmte Dinge zu erreichen. Es darf aber nicht zu sehr ausufern, sonst erwächst daraus eine »Es ist doch nie gut genug«-Haltung.

In der Zeit einer Depression kann diese Eigenschaft lähmend wirken, denn der Abstand zwischen dem, was Sie zu leisten imstande sind, und der Leistung, die Sie sich abverlangen, wird unüberwindlich.

Alle Ratschläge, die hier folgen, können nicht greifen, wenn Sie Ihre hohen Erwartungen an sich selbst nicht für eine gewisse Zeit zurückschrauben.

Wenn Ihre Depression Sie beispielsweise passiv gemacht hat und Sie sich vorgenommen haben, wieder aktiver zu werden, werden Sie merken, dass das nicht ohne weiteres gelingt. Sie können bei weitem nicht so viel bewältigen wie sonst, vielleicht sind Sie schon nach einem kurzen Spaziergang erschöpft. Somit kann der Schuss nach hinten losgehen und Ihre Niedergeschlagenheit noch zunehmen: »Nicht einmal das kann ich mehr, wie soll das alles jemals wieder gut werden …« Der Knackpunkt ist, dass Sie den kurzen Spaziergang als Misserfolg werten. Aber wieso eigentlich? Weil Sie hinterher erschöpft waren? Das ist aber doch kein Grund. Wenn Sie operiert wurden und lange Zeit liegen mussten, verwundert es niemanden, dass Sie hinterher langsam wieder zu Kräften kommen müssen. Auch dann machen Sie kurze Spaziergänge und sind anfangs davon erschöpft. Das ist doch nur ein guter Grund, weiter zu üben, oder? Warum also nicht auch im Fall einer Depression?

Ein amerikanischer Psychologe hat für die Neigung der Menschen, davon auszugehen, dass dieses und jenes einfach sein »muss«, den Begriff *Musterbation* geprägt. Während einer depressiven Episode kann es außerhalb der Möglichkeiten liegen, auch nur irgendetwas zu genießen. Trotzdem wird es letztlich weiterhelfen, wenn man grundsätzlich wieder aktiv wird und etwas macht. Das Einzige, das Sie lassen »müssen«, ist, zu denken, etwas sei misslungen, nur weil es nicht mehr so ist wie früher oder weil Sie es nicht mehr genießen können. Belohnen Sie sich selbst mit einem Schulterklopfen dafür, dass Sie trotz allem den Versuch wagen.

2. *Kommen Sie in Bewegung*

Da wir gerade beim Spazierengehen und Kräftesammeln sind: Bewegung hilft. Nicht nur intensives Sporttreiben, auch normale Bewegung. Für eine Studie hat man eine Gruppe von depressiven Menschen im Alter von fünfzig Jahren und mehr dreimal pro Woche zum Fitnesstraining geschickt. Das Training war nicht besonders schwer; Ziel war es, während einer halben Stunde die Herzschlagfrequenz bei 130 Schlägen pro Minute zu halten. Eine zweite Teilnehmergruppe erhielt eine antidepressive Medikation, eine dritte Gruppe bekam sowohl das Fitnesstraining als auch die Medikamente verordnet. Nach sechzehn Wochen fühlten sich 60% derjenigen, die nur das Fitnesstraining machten, ein Stück besser, genauso viele wie in der Gruppe derer, die nur die Medikamente bekamen, und genauso viele wie in der Gruppe derer, die die Kombination aus beidem erhielten. Ein halbes Jahr nach dem Ende der Studie zeigte sich, dass die Wirkung des Fitnesstrainings besser war als die Wirkung der Medikamente, vor allem bei denjenigen Teilnehmern, die in Eigenregie mit dem Bewegen weitergemacht hatten. Nicht erstaunlich, aber sehr wichtig: Auch der Zustand des Herzens erwies sich bei den Probanden, die am Fitnessprogramm teilgenommen hatten, als besser.

Nicht wirklich jeder macht Fortschritte durch zusätzliche Bewegung, aber es erfordert keine allzu großen Anstrengungen, um hier gute Erfolgsaussichten zu haben. Schaden tut es nie, vor allem nicht, wenn Sie sich für Ihr Fitnessprogramm fachlich beraten lassen. Wenn Sie sich mehr bewegen wollen, suchen Sie sich aber keine Aktivität aus, die Sie schon früher nicht leiden konnten. Setzen Sie sich realistische Ziele und seien Sie darauf gefasst, dass es nicht ganz leicht werden wird. Es kann ja auch sein, dass Sie schneller Fortschritte machen als Sie für möglich halten. Vielleicht finden Sie auch einen Mitstreiter, der das Bewegungsprogramm mit Ihnen zusammen macht. Sie würden damit zwei Fliegen mit einer Klappe schlagen: In Gesellschaft von anderen hält man leichter durch und Sie kommen auf eine positive Art und Weise unter Leute. Freunde besuchen oder empfangen ist sowieso eine gute Idee, auch wenn Ihnen die Vorstellung in diesem Moment noch widerstrebt.

3. Differenzieren Sie zwischen Ereignissen, Gefühlen und Gedanken

Sagen oder denken Sie sich manchmal: »Ich habe das Gefühl, versagt zu haben« oder »Gestern habe ich mich bis auf die Knochen blamiert«? Wenn das so ist, dann bringen Sie Ereignisse, Gefühle und Gedanken durcheinander. »Versagt haben« ist kein Gefühl, sondern ein Gedanke. Gefühle wären zum Beispiel niedergeschlagen sein, ängstlich, froh, verärgert sein. »Versagt haben« ist kein Gefühl, sondern eine Interpretation eines Ereignisses – also ein Gedanke, der seinerseits ein bestimmtes Gefühl auslöst, in diesem Fall wahrscheinlich das Gefühl der Niedergeschlagenheit. Es ist wichtig, zwischen Ereignissen, Gefühlen und Gedanken zu unterscheiden, weil Gedanken viel leichter zu verändern sind als Ereignisse und Gefühle. Im Nachhinein können Sie Vorfälle oder Ereignisse nicht mehr ändern, Sie können höchstens versuchen, sie zu kompensieren.

»Gestern habe ich mich bis auf die Knochen blamiert« ist kein Ereignis, sondern ein Ereignis vermischt mit einer Interpretation. Stellen Sie sich vor, Sie hätten von diesem Ereignis eine Videoaufnahme und ein Außenstehender müsste beschreiben, was geschieht. Was würde er dann sagen? Eine objektive Beschreibung könnte etwa so lauten, dass Sie damit beschäftigt waren, jemandem etwas zu erklären und dass Sie an einem bestimmten Punkt eine Stille haben aufkommen lassen, nachdenklich blickten und sagten, dass Sie nun gerade nicht mehr weiter wüssten, und dass daraufhin der andere das Gespräch mit einer dritten Person fortsetzte, die ihm ganz flott erklärte, was Sie hatten sagen wollen. Nicht schön natürlich, besonders dann nicht, wenn es für Sie die normalste Sache der

Welt war, sich ohne langes Nachdenken an viele Dinge erinnern zu können. Wenn Sie aber jetzt an dieses Ereignis zurückdenken als an ein »Blamieren bis auf die Knochen«, ist es sehr schwer, ein anderes Gefühl als das Gefühl der Niedergeschlagenheit damit zu verbinden. Eine neutrale Bezeichnung wäre also: »einen Moment lang nach Worten ringen«. Es ist sehr wichtig, aus negativen Ereignissen eine neutrale Videoaufzeichnungs-Version zu machen. Damit ist Ihre Niedergeschlagenheit noch nicht überwunden, aber der erste Schritt ist gemacht.

Der nächste Schritt besteht darin, auch das Gefühl so neutral wie möglich zu benennen. Also nicht von »versagt«, sondern von »niedergeschlagen« oder »Scham« zu sprechen und mit einer Zahl anzugeben, wie stark dieses Gefühl ist. In dem genannten Beispiel könnte es so sein: Niedergeschlagenheit (80 %) und Scham (70 %).

Der dritte Schritt besteht darin, dass Sie die Gedanken, die Interpretationen, die zwischen Ereignis und Gefühl liegen, benennen, so dass ein Außenstehender nachvollziehen kann, warum Sie sich so fühlen. Denn, davon müssen Sie ausgehen, ein Außenstehender wird nicht verstehen, warum Sie sich so niedergeschlagen (80 %) fühlen angesichts des Ereignisses »einen Moment lang nach Worten ringen«. Versuchen Sie, es dem fiktiven Außenstehenden zu erklären, und dann werden Sie Dinge sagen wie: »Es ist furchtbar, so ein schlechtes Gedächtnis zu haben«, »Das wird wohl nie mehr besser«, »Die denken, dass ich nicht interessiert bin«, »Ich falle den Leuten doch nur zur Last« und wohl auch: »Ich habe mich bis auf die Knochen blamiert.« Das ist auch nicht gerade eine fröhliche Übung, werden Sie nun einwenden, aber der Unterschied ist der, dass Sie nun mehrere Gedanken aufgelistet haben, die Sie einmal sorgfältig überprüfen können. Mit Ereignissen oder Gefühlen wird das Argumentieren schwierig, aber mit den Gedanken geht das sehr gut. »Das wird nie mehr besser« ist beispielsweise nicht wahr, Depressionen gehen letztendlich vorbei. »Ich falle den Leuten nur zur Last« ist auch nicht wahr, vielleicht sind es nun ein paar Menschen mehr, denen Sie zur Last fallen als sonst, aber deshalb fallen Sie noch lange nicht *allen immer nur* zur Last. Drehen Sie den Spieß einmal um: Würden Sie Ihren Partner nur noch als Lastpaket betrachten, wenn er krank würde? »Die denken, dass ich nicht interessiert bin« könnte wahr sein, aber vermutlich denken sie auch etwas anderes oder sie denken sich gar nichts Besonderes. Auf jeden Fall hilft Ihnen der Gedanke nicht weiter. Es geht gar nicht darum, dass Sie alle negativen Gefühle wegargumentieren sollen. Manche Ereignisse, wie einen Moment lang nach Worten ringen, sind unangenehm, aber *auch nicht mehr als das.* Auch ist es nicht immer leicht, sich Alternativen für die Gedanken, die einen in Aufregung versetzen, einfallen zu lassen. Wenn das nicht gelingt oder wenn die negativen Gedanken trotzdem immer wieder hochkommen, können Sie immer noch auf diese Überlegung zurückgreifen: »Es ist nur ein Gedanke, es ist nicht gesagt, dass er richtig ist.«

4. Ernähren Sie sich gesund

Depressionen gehen oft mit Appetitlosigkeit einher. Nichts schmeckt mehr richtig gut und das Zubereiten der Mahlzeiten wird für den Betroffenen zu anstrengend. Wieder andere Menschen mit einer Depression versuchen, ihre allgemeine Lustlosigkeit wegzuessen und verzehren große Mengen an Süßigkeiten und Fastfood. Über Schokolade wird manchmal gesagt, dass sie stimmungsaufhellend wirken soll oder anderweitig gesund sein soll. Der positive Effekt auf die Gesundheit tritt, falls überhaupt, schon bei sehr geringen Mengen ein und für eine stimmungsaufhellende Wirkung müssten ungesunde Mengen verzehrt werden.

Wichtig ist, dass Sie weiterhin zu regelmäßigen Zeiten essen und dass Sie sich gesund ernähren. Es gibt Hinweise für eine geringe Schutzwirkung einer kohlenhydratreichen und eiweißarmen Diät gegen Effekte von Stress, besonders bei stressanfälligen Menschen. Ein kritischer Punkt in der Depressionsforschung betrifft die Wirkung der sogenannten Omega-3-Fettsäuren, die beispielsweise in Fettfischen, wie Hering, Lachs oder

Makrele, vorkommen. Ob dies ein handfester Effekt ist, muss sich noch zeigen, aber es ist eine interessante Entwicklung und die Engländer wissen es seit jeher: *A herring a day keep the doctor away.*

In niedrigen Dosierungen kann Alkohol die extremen Phasen von Unruhegefühlen zeitlich mildern, weil er eine entspannende und enthemmende Wirkung hat, aber Alkohol ist kein Aufputsch-, sondern ein Betäubungsmittel. Versuchen Sie, die Hände vom Alkohol zu lassen, wenn Sie im Stimmungstief sind. In Kombination mit einem vorübergehenden Stimmungstief oder einer bedrückten Grundstimmung müssen Sie beim Alkohol in erster Linie mit einer gegengesetzten Auswirkung rechnen. Hoher Alkoholkonsum macht die Dinge natürlich sowieso schlimmer, greift Ihren Gesamtzustand an und schadet durch die möglicherweise beschämende soziale Wirkung auch Ihrem Selbstwertgefühl.

5. *Lassen Sie das Grübeln sein*

Manche Menschen gehen, wenn sie sich im Stimmungstief befinden, intensiv bei sich selbst auf Ursachenforschung aus. Warum fühle ich mich so niedergeschlagen? Wie kommt es, dass ich so müde bin? Was hat es zu bedeuten, dass ich meinen Stimmungen so unterworfen bin? *Ruminieren* (Wiederkäuen) meint das unproduktive Hin- und Herdenken und Grübeln über Stimmungen, über die möglichen Ursachen dieser Stimmungen und über die Frage, was die Stimmungen zu bedeuten haben. Es ist eine Art von *emotionaler Argumentation.* »Ich fühle mich elend, *also* wird das etwas zu bedeuten haben.« Ruminieren ist nicht dasselbe wie Probleme lösen – beim Ruminieren bleibt man im Morast stecken, anstatt einen Besen zur Hand zu nehmen und den Dreck wegzukehren.

Der Effekt des Ruminierens ist groß. In einem Experiment wurde Versuchspersonen ein interpersönliches Problem auf Papier vorgelegt, für das sie Lösungen vorschlagen sollten. Depressive Menschen können so etwas nicht besonders gut, aber Menschen, die von einer Depression geheilt sind, schlagen ähnlich effektive Lösungen vor wie Menschen, die nie depressiv waren. Die Forscher haben daraufhin spezielle Anweisungen mitgegeben: Manchen Probanden wurde gesagt: Versuchen Sie vor allem zu ergründen, WARUM diese Menschen ein Problem haben, andere Teilnehmer sollten sich auf die Frage ausrichten, WIE sie es lösen könnten. Diese Anweisungen hatten wenig Einfluss bei Personen, die nie depressiv waren, aber die Depressiven, die sich auf die Lösungen konzentrieren sollten, erzielten plötzlich viel bessere Ergebnisse und die von einer Depression Geheilten, die sich auf die Ursachen konzentrieren sollten, waren plötzlich viel schlechter. Das ist kein Plädoyer dafür, künftig mit Scheuklappen auf dem Kopf nie wieder einen Blick nach hinten zu werfen.

Natürlich versuchen Sie, aus Erfahrungen zu lernen. Das Warum lässt sich allerdings nicht immer herausfinden. *Manche Depressionen sind einfach Pech.* Was nicht heißen soll, dass Sie dann machtlos sind. Nicht alle Menschen, die depressiv sind oder depressiv werden, ruminieren gleich viel – diejenigen, die es am meisten tun, werden im Allgemeinen depressiver und bleiben länger in der Depression als diejenigen, die das nicht oder kaum tun. Frauen neigen mehr zum Ruminieren als Männer – möglicherweise weil Frauen mehr auf die Beziehungsebene ausgerichtet sind als Männer.

Vielleicht spielt dieser Unterschied zwischen Männern und Frauen eine Rolle bei der Tatsache, dass Depressionen bei Frauen ungefähr doppelt so häufig auftreten wie bei Männern.

Deshalb: *Lassen Sie das Grübeln sein.* Wenn Sie sich selbst beim Ruminieren ertappen, machen Sie dann eine Liste mit all den Dingen, die trotz allem noch gut sind, oder eine Liste der Dinge, die Ihnen früher gut gelungen sind, und versuchen Sie, einige Zeit an diese Liste zu denken.

6. Schreiben Sie!

Dieser Rat ist nur dann nützlich, wenn Sie nicht zu sehr verstimmt oder depressiv sind. Vielleicht eignet er sich sogar besser zur Vermeidung von

Depressionen. Der amerikanische Psychologe James Pennebaker hat ausführliche Untersuchungen zu einer ebenso einfachen wie kraftvollen Interventionsstrategie durchgeführt: Schreiben Sie an vier aufeinanderfolgenden Tagen jeweils 20 Minuten lang über eine unangenehme Erfahrung in Ihrem Leben. Kümmern Sie sich nicht um den Schreibstil oder um Schreibfehler und hören Sie nach 20 Minuten mit dem Schreiben auf. Wenn Sie 20 Minuten lang nichts zu Papier bringen, hören Sie auch nach 20 Minuten auf. Schreiben Sie an allen vier Tagen über dasselbe Thema. Machen Sie hinterher mit dem Geschriebenen, was Sie wollen: Lassen Sie es jemand anderen lesen, zerreißen Sie es, heben Sie es für später auf. Im Schnitt wirkt diese Schreibübung so, dass sich die betreffenden Personen in den ersten Tagen schlechter fühlen, durch das Aufwärmen einer unschönen Geschichte irgendwie aus dem Gleichgewicht gebracht, aber letztlich fühlen sie sich besser. In den folgenden Monaten nach dieser Übung sind die Personen sogar in ihrer Arbeit leistungsfähiger und werden seltener krank. Am meisten profitieren diejenigen, die eine Geschichte zu Papier bringen, die im Laufe der vier Tage immer mehr an Struktur gewinnt.

Antidepressiva und Alternativen

Wann sollten Sie eine antidepressive Medikation in Betracht ziehen?

- Wenn Sie in der Vergangenheit bereits zweimal (oder öfter) eine Depression hatten.
- Wenn Sie in der Vergangenheit gute Erfahrungen damit gemacht haben.
- Wenn Depressionen in Ihrer Familie vorkommen.
- Wenn Sie schwer depressiv sind.
- Auch wenn Sie der Meinung sind, dass Ihre Depression durch unan-

genehme Erfahrungen verursacht ist, können Ihnen Antidepressiva helfen.

Alternativen für Antidepressiva

Der Pflanzenextrakt des Johanniskrauts (Hypericum) ist in den letzten Jahren häufig auf seine Wirksamkeit bei Depressionen hin untersucht worden. Die Ergebnisse sind unterschiedlich: Manchmal hilft das Johanniskraut nicht besser als ein Placebo, manchmal wirkt es so gut wie eine antidepressive Medikation – bei geringeren Nebenwirkungen. Johanniskraut wird im Allgemeinen gut vertragen, kann aber in Kombination mit anderen Medikamenten deren Wirksamkeit vermindern oder verändern. Die Einnahme von Johanniskraut macht die Haut empfindlicher gegen Sonneneinstrahlung. Sagen Sie Ihrem Hausarzt deshalb immer Bescheid, wenn Sie Johanniskraut ausprobieren möchten. Wählen Sie ein Präparat mit einer Hyperizin-Konzentration von 0,3 % und nehmen Sie dreimal täglich 300 mg ein. Wenn Sie nach etwa acht Wochen keine Wirkung bemerken, stellen Sie dann die Einnahme wieder ein.

Nützliche Adressen

»Kompetenznetz Depression«:
www.kompetenznetz-depression.de
Deutsches Bündnis gegen Depression e.V.:
www.buendnis-depression.de
Berufsverband Deutscher Psychiater:
www.bv-psychiater.de
Deutsche Gesellschaft für Psychiatrie, Psychotherapie und Nervenheilkunde:
www.dgppn.de

Literatur und Anmerkungen

Vorwort und Kapitel 1

Quelle

Der Paragraf über »eine tiefgründige Persönlichkeit« (S. 26) ist von einem Artikel von P. D. Kramer in *NY Times,* 17. April 2005, inspiriert.

Referenzen

– Townsend, M. *The Observer,* August 8, 2004.
– Sample, I. *The Guardian,* August 12, 2004.

Kapitel 2

Quelle

Die Analogie zum Thermostaten an einer zugigen Stelle im Haus (S. 37) ist adaptiert von Seite 57 aus *The Noonday Demon* von A. Solomon (NY: Touchstone, 2001).

Referenzen

– Weissman, M., Olfson, M. *Science* 269: 799.
– Wiseman, C.V. et al. *Int J Eat Dis* 11: 85.
– Klerman, G.L. et al. *JAMA* 261: 2229.
– Young, E., Korzun, A. *Psych Clin N Am* 21: 309.
– Post, R.M. *Am J Psychiatry* 149: 999.
– Mueller, T.I. et al. *Am J Psychiatry* 156: 1000.
– Judd, L.L. et al. *Arch Gen Psychiatry* 56: 764.
– Wendler, P.H. et al. *Arch Gen Psychiatry* 43: 923.
– Markus, C.R. *Br J Nutr* 82: 457.
– Koopmans, S.J. *Physiol Behav* 2005.
– Young, S.N., Leyton, M. *Pharmacol Biochem Behav* 71: 857.
– Merens, W. et al. *Br J Nutr* 94: 1.
– Peet, M., Stokes, C. *Drugs* 65: 1051.
– McIntosh, A., Lawrie, S. *Br J Psychiatry* 184: 381.
– Mineka, S., Ohman, A. *Biol Psychiatry* 52: 927.

Kapitel 3

Referenzen

– Williams, J.M.G., Broadbent, K. *J Abn Psychol* 95: 144.

- Matt, G. et al. *Clin Psychol Rev* 12: 227.
- Raes, F. et al. *Br J Clin Psychol* 44: 133.
- Hermans, D. et al. *Br J Clin Psychol* 2006.
- Pollock, L.R., Williams, J.M.G. *Suic Life-Threat Behav* 31: 386.
- Williams, J.M.G. *J Abn Psychol* 109: 150.

Kapitel 4

Referenzen

- Casacalenda, N. et al. *Am J Psychiatry* 159: 1354.
- DeRubeis, R.J. et al. *Arch Gen Psychiatry* 62: 409.
- Valenstein, E. (1986) *Great and Desperate Cures.* NY: Basic Books.
- McNally, R.J. (1994) *Panic disorder. A critical analysis.* NY: Guildford, 1994.
- Beck, A.T. (1967) *Depression.* NY: Harper & Row.
- Simons, A.D. et al. *Arch Gen Psychiatry* 41: 45.
- Lewinsohn, P.M. et al. *J Abn Psychol* 90: 213.
- Miranda, J. et al. *Cogn Ther Res* 22: 363.
- Segal, Z.V. *J Abn Psychol* 108: 3.
- Van der Does, A.J.W. *Behav Res Ther* 40: 105.
- Kuehner, C., Weber, I. *Psychol Med* 29: 1323.
- Taylor, S.E., Brown, J.D. *Psychol Bull* 103: 193.

Kapitel 5

Referenzen

- Ezzell, C. (2003). *Scientific American,* 13 january 2003.
- Roy, A. *J Aff Dis* 66: 71.
- Statham, D.J. *Psychol Med* 28: 839.
- Statham, D.J. et al. *Psychol Med* 28: 839.
- Seligman, M. (1990) *Learned Optimism.* NY: Simon & Schuster.
- Alloy, L.B. et al. *Curr Dir Psychol Sci* 8: 128.
- Beck, A.T. et al. *Am J Psychiatry* 119: 351.

Kapitel 6

Referenzen

- Shorter, E. (*1997*). *A history of psychiatry.* NY: Wiley.
- Cunningham Owens, D.G. (1999). *A guide to the extra-pyramidal side-effects of antipsychotic drugs.* Cambridge Univ Press.

- Angel, M. (2004). *The truth about the drug companies.* NY: Random House.
- Anderson, I.M. *J Aff Dis* 58: 19.
- Waldinger, M.D. et al. *J Clin Psychopharmacol* 23: 467.
- Teicher, M.H. et al. *Am J Psychiatry* 147: 207.
- Beasly, C.M. et al. *BMJ* 303: 685.
- Leon, A.C. et al. *Am J Psychiatry* 156: 195.
- Avorn, J. (2004). *Powerful Medicines.* NY: Knopf.
- Healy, D. *Prim Care Psychiatry* 6: 23.
- Coyne, J. *Am J Bioethics* 5: w3.
- Pinker, S. (2003). *The Blank Slate.* NY: Penguin.
- Keller, M.B. et al. *J Am Acad Ch Adol Psychiatry* 40: 762.
- Lenzer, J. *BMJ* 331: 70.
- Japsen, B. *Chicago Tribune* (June 9, 2005).
- Nutt, D.J. *J Psychopharmacol* 19: 123.
- Zimmerman, R. and Tomsho, R. (2005). *Wall Street Journal,* May 26, 2005.
- Boseley, S. *The Guardian,* November 12, 2004.
- Treffers, F., Rinne, M. *MGV* 60: 247.
- Carlsten, A. et al. *Pharmacoepidem Drug Safety* 10: 525.
- Hall, W.D. et al. *BMJ* 326: 1008.
- Moncrieff, J. *BMJ* 327: 288.
- Barbui, C. et al. *Soc Psych Psychiatr Epidem* 34: 152.
- Gibbons, R.D. et al. *Arch Gen Psychiatry* 62: 165.
- Grunebaum, M.F. et al. *J Clin Psychiatry* 65: 1456.
- Licinio, J., Wong, M.L. *Nat Rev Drug Discov* 4: 165.
- Gunnell, D., Ashby, D. *BMJ* 329: 34.
- Fergusson, D. et al. *BMJ* 330: 396.
- Khan, A. et al. *Am J Psychiatry* 160: 790.
- Storosum, J.G. et al. *Am J Psychiatry* 158: 1271.
- Verkes, R.J. et al. *Am J Psychiatry* 155: 543.
- Cipriani, A. et al. *BMJ* 330: 373.
- Nutt, D.J. *J Psychopharmacol* 19: 123.

Kapitel 7

Referenzen

- Quitkin, F.M. et al. *J Clin Psychiatry* 66: 670.
- www.nice.org.uk
- Szegedi, A. et al. *BMJ* 330: 503.
- Babyak, M. et al. *Psychosom Med* 62: 633.
- Jacobson, N.S. et al. *J Consult Clin Psychol* 64: 295.
- Teasdale, J.D. et al. *J Consult Clin Psychol* 68: 615.

Nachbemerkung und Danksagung des Autors

Treue Fans von Peter van Straaten werden bemerkt haben, dass alle Zeichnungen in diesem Buch schon einmal veröffentlicht wurden. Wie in meinem vorherigen Buch *Zo ben ik nu eenmaal!* (die deutsche Ausgabe *So bin ich nun mal!* ist 2008 bei Oesch Verlag erschienen) über Persönlichkeitstypen genügte es, Zeichnungen aus dem vorhandenen Werk zu selektieren, was meines Erachtens ein guter Hinweis auf sein einzigartiges Talent ist.

Im Kapitel über »Antidepressiva« habe ich die Gefahr einer Interessensverstrickung von Pharmaindustrie und akademischen Forschern behandelt. Finanzielle und andere Interessen müssen immer gemeldet werden. Für mich persönlich gilt, dass ich als Wissenschaftler und behandelnder Therapeut an einigen Studien, die durch verschiedene pharmazeutische Industrien gesponsert wurden, beteiligt war. Bei all diesen Studien ging es um einen Wirksamkeitsvergleich zwischen einem Antidepressivum und der kognitiven Verhaltenstherapie. Die Ergebnisse dieser Studien waren unterschiedlich. In den meisten Fällen war die Wirksamkeit im Schnitt ähnlich groß, aber in einzelnen Fällen waren die Medikamente etwas besser und in zwei Studien schnitt die kognitive Verhaltenstherapie besser ab. Die letzten zehn Jahre habe ich von pharmazeutischen Industrien kein Sponsoring erhalten und ich habe keine Aktien und keine anderen Interessen.

Ineke Booij hat das Manuskript durchgelesen und für viele nützlichen Änderungen und Ergänzungen gesorgt. Für Kommentare zu älteren Versionen eines oder mehrerer Kapitel bin ich den folgenden Kollegen dankbar: Professor Wim Riedel (Roche und Universität von Maastricht), Professor Richard van Dyck (Vrije Universiteit), Professor Frans Zitman (Leids Universitair Medisch Centrum), Professor emeritus Emiel van der Does (Erasmus Universität) und Dr. Ferdinand van der Does, Hausarzt. Selbstverständlich gehen alle Auffassungen und eventuellen Fehler oder Versäumnisse in vollem Umfang auf meine Rechnung.